심리학자 할머니의
손주 육아법

심리학자 할머니의 손주 육아법

초판 1쇄 인쇄 | 2015년 5월 29일
초판 1쇄 발행 | 2015년 6월 5일

지은이 | 조혜자
펴낸이 | 문채원
편집 | 이은미
디자인 | wonderland
마케팅 | 박효정, 정승호, 전지훈

펴낸곳 | 도서출판 사우
출판 등록 | 2014-000017호
주소 | 서울시 마포구 동교로 17안길 11 2층
전화 | 02-334-2751
팩스 | 02-338-2672
전자우편 | sawoopub@gmail.com

ISBN 979-11-952862-4-9 13590

이 도서의 국립중앙도서관 출판예정도서목록(CIP)은 서지정보유통지원시스템 홈페이지 (http://seoji.nl.go.kr)와 국가자료공동목록시스템(http://www.nl.go.kr/kolisnet)에서 이용하실 수 있습니다.(CIP제어번호: 2015014123)

불안한 워킹맘, 우울한 아이, 지친 할머니가 모두 행복해지는 비결

심리학자 할머니의 손주 육아법

| 조혜자 지음 |

사우

: 차례 :

프롤로그
할머니가 3년만 투자하면 아이 인생이 달라진다 • 10

PART 1
아이에게는 할머니가 필요하다

20   내가 할머니라고?

> 그 옛날 엄마라는 이름이 어색했듯이
> 세상을 다른 눈으로 보게 해주는 마법의 이름

27   손주 돌보기, 손해일까 이익일까

> 할머니의 역할이 달라졌다
> 투자 대비 가장 효율적인 일

34   3살까지는 끼고 키워야 하는 이유

> 첫 3년, 아이의 평생이 결정된다
> 무조건적인 사랑이 절대 필요한 시기

42   하루 종일 어린이집에 있어야 하는 아이의 속마음

> 무상보육이 필요하긴 하지만
> 어린 아이들의 우울증
> 일하는 엄마를 둔 아이에게 필요한 것

PART 2
할머니가 육아에 나서야 하는 이유

54 할머니 가설: 육아는 혼자 하는 것이 아니다
  종족 보존과 폐경의 관계
  인생 후반기를 의미 있게 사는 방법

61 할머니와 아이의 느린 시간표
  바쁜 엄마, 아빠가 보지 못하는 것
  느긋하게 놀아야 뇌가 발달한다
  육아는 인터넷 정보가 아니라 몸으로 하는 것

70 엄마의 보상심리와 할머니의 조건 없는 사랑
  교육열 높은 매니저 엄마가 빠지기 쉬운 함정
  자식 내 마음대로 안 된다는 것을 알기에

78 멀리 보면 느긋하게 기다려줄 수 있다
  세계를 주름잡는 유태인 교육의 비밀
  일찍 글자를 깨친다고 뭐가 좋을까
  할머니에게 배우는 거시적 안목

PART 3
아이도 할머니도 엄마도 행복한 육아

88 할머니 육아를 시작하기 전에 점검해야 할 것

    육아를 둘러싼 득실 계산
    아이 부모와의 관계
    세대 간 육아법의 차이를 해결하려면
    사례비와 감정의 문제

99 내 몸과 마음 돌보기

    아이와 같이 뛰고 놀다보니 건강해지더라
    나만의 시간을 위해 주변에 도움을 청하자
    육아 스트레스에는 수다가 보약
    영적으로 성숙해지는 시간

109 아이의 행복을 좌우하는 9가지 양육 방식

    할머니의 양육 방식과 아이의 성격
    유쾌하고 자신감 넘치는 아이 곁에는 이런 할머니가 있다

117 야단치지 않고 좋은 습관 들이는 비결

    지적보다 칭찬이 더 효과적이다
    인사 잘하는 아이로 키우려면 | 그 사람의 문화 수준은 식탁에서 나온다
    씻기 싫어하는 아이의 경우 | 아이가 떼쓰는 데는 이유가 있다

    행복한 삶을 위해 꼭 가르쳐야 하는 태도

인간에 대한 예의 | 유혹을 이겨내는 힘 | 긍정적인 태도

133   도덕성은 반드시 갖춰야 하는 능력이다

         공감하는 능력을 키우려면
         분노와 공격성은 좌절감에서 온다
         아이의 분노와 공격성을 다루는 비결

PART 4
할미니가 꼭 알아야 할 육아 상식

148   다시 배우는 갓난아기 돌보기 기술

         수유 시간 15분, 애착이 형성되는 골든타임
         잠재우기, 방법보다 일관성이 관건
         '아이는 울리면서 키운다'는 생각은 위험하다
         고무젖꼭지의 몇 가지 장점과 치명적인 단점
         스킨십이 뇌와 정서 발달에 미치는 놀라운 효과

162   아기의 건강을 위해 이것만은 체크하자

         청각, 미리미리 확인을
         중이염, 방치하면 청력이 위험하다
         시력, 면밀히 관찰하자
         감염, 아직도 아기 입에 뽀뽀하시나요?
         영아 돌연사를 막기 위한 몇 가지 주의 사항

영아 산통엔 할머니 손이 약손
영아 뇌 흔들림 증후군, 아무리 주의해도 과하지 않다

172 편식하지 않는 아이로 키우는 방법

이유식을 시작하는 시기와 월령별 식단
이유식 초기(6~7개월) | 이유식 중기(7~9개월) | 이유식 후기(10~12개월)
유아식 | 생선은 먹여도 될까? | 과자와 음료수, 중독의 위험이 있다

먹기 싫어하는 아이 어떻게 먹일까
밥 안 먹을 때는 치워버리자 | 싫어하는 음식 먹이는 요령 | 아이와 함께 요리하자
싫어하는 음식에 재미있는 이름을 붙여보자

186 미운 두 살, 자기 주도성이 자라는 시기

혼자 하도록 기다려주고 격려해주자
고집 부리는 아이 설득하는 효과적인 노하우
싫어하는 일을 재밋거리로 만들어주는 방법
하루 일과를 예측할 수 있어야 아이도 편안하다
인형놀이의 교육 효과
교육은 부모가, 할머니는 사랑만?
아이의 요구를 무시해야 할 때

201 배변 훈련, 준비가 됐는지 궁금하다면

207 TV와 비디오는 아기에게 위험하다

TV를 많이 보는 아기의 뇌에서 일어나는 일
영어 비디오와 유사 자폐증

213 말을 배우는 결정적인 시기가 있다

　　　아기는 어떻게 말을 배울까
　　　수다스러운 할머니가 공부 잘하는 아이로 키운다
　　　언어 습관과 학습 능력의 관계

224 어린이집에 보내기 전, 떨어지는 연습이 필요하다

　　　껌 딱지처럼 붙어 있는 아이의 경우
　　　할머니가 불안하다면

할머니 육아 십계명 • 232

: 프롤로그 :

할머니가 3년만 투자하면
아이 인생이 달라진다

이웃에 사는 워킹맘에게 들은 이야기입니다. 시어머니가 5살, 3살짜리 두 아이를 봐주고 있어서 안심하고 직장을 다닌다고 합니다. 성격이 깔끔한 할머니는 아이들을 깨끗이 씻기고, 옷도 세련되게 입히고, 친환경 농산물로 직접 요리해서 먹인다고 하네요. 집이 반들반들 윤이 나도록 청소를 하시고요. 집안일 하랴 아이들 돌보랴 하루 종일 허리가 휘도록 애쓰시는 시어머니께 감사하다는 말씀밖에는 할 말이 없다고 하더군요.

  그렇지만 이야기를 더 듣다 보니, 마음속에서는 갈등이 불을 뿜고 있었어요. 시어머니는 할머니 노릇이 그저 씻기고 좋은 음식 잘 먹여 건강하게 키우는 것이라고만 생각하지, 애들 눈높이에서 놀아주고 마음을 헤아려주어야 한다는 생각은 못한다는 거예요. 아이 발달단계에 맞추어 이야기도 들려주고, 책도 읽어주고, 놀이도 함께하면 좋으련만 그런 데는 전혀 관심이 없다고 하네요. 아이들은 바깥에 나가 놀고 싶어 하는데 다칠까봐 데리고 나가지도 않고, 아이들이 지루해하면 TV나 비디오를 틀어준다고 해요. 집안일보다는 아이들하고 더 많이 놀아주고, TV 대신 책을 읽어주라고 부탁하고 싶지만, 애 맡긴 죄인이라고 입이 떨어지지 않는다네요.

힘들게 아이를 돌보는 할머니 입장에서는 참 서운한 말입니다. 아마 할머니 마음은 이럴 겁니다. 아이들이야 잘 먹이고 입히면 저희들끼리 놀면서 자라는 거지. 애들 데리고 밖에 나가고 싶어도 두 아이가 뛰어다니며 노는 걸 보고 있으면 저러다 다치기라도 하면 어쩌나 얼마나 신경이 쓰이는데. 애들 먹이고 씻기는 일만으로도 지치는데 책까지 읽어주라고? 하루 종일 TV가 왕왕거리는 단칸방에서도 공부할 놈은 하던데, 뭘 그리 유난을 떨까? 이미 자식을 여럿 키운 대선배인 할머니 눈에 젊은 엄마들 하는 모양이 유난스럽다 싶을 겁니다.

엄마 입장은 또 다르지요. 겉모습보다는 눈에 보이지 않는 아이 마음을 돌봐주고 잠재력을 개발해주는 게 더 중요하다고 생각하니까 답답한 거지요. 집에 있는 엄마들은 엄마 노릇도 '전문적'으로 하고 있는데, 내 아이만 뒤처지는 게 아닌가 걱정도 되고요.

맞벌이하는 부모를 대신해 손주를 키워주는 조부모가 점점 늘어나고 있습니다. 조부모와 함께 사는 아이들이 인성과 사회성이 더 좋다는 연구결과가 이미 많이 나와 있습니다. 직장에 나가는 엄마, 아빠를 대신해 할머니, 할아버지가 아이를 봐준다면 아이를 위해 그보다 더 좋은 일은 없지요. 문제는 육아를 바라보는 세대 간의 차이로 인해 갈등이 매우 크다는 점입니다. 서로의 입장과 마음을 이해하지 못해 힘들어하기도 하고요.

저도 손자를 키운 할머니입니다. 8년 전 미국에서 직장 생활하던 딸이 손주를 봐달라고 했지요. 딸은 당연히 제가 미국에 와서 아이를 키워줄 것이라 믿고 있었어요. 딸들 다 키워 출가시키고 이제 편히 살 만한데, 손주를 키워달라고 하면 내 인생은 어쩔 거냐고 따져 묻지도 못했어요. 딸들이 어렸을 때 입버릇처럼 "너희 아이들은 내가 길러주겠다"고 약속을 했었기 때문이지요. 오래 전 어린 딸들을 친정어머니에게 맡기고 뒤늦게 공부하면서 그런 말을 했었지요.

아는 사람도 없고 말도 잘 안 통하는 미국 시골에 가서 손주를 봐주는 건 쉬운 일이 아니었어요. 딸은 취직하자마자 임신이 되었어요. 어렵게 들어간 직장에서 눈치 보며 적응해야 하는 상황이었고, 아는 사람이 아무도 없었어요. 한국 사람이 주변에 없어 도움을 청할 곳이 없었지요. 내가 육아를 맡는 길 외에 다른 대안이 없는 상황이었어요.

딸의 출산 시기에 맞춰 미국으로 갔지요. 병원에서는 출산하자마자 신생아를 엄마 품에 안겨주고는 입원실에서 가족들이 아기를 돌보게 했어요. 난산 과정을 옆에서 지켜보며 이미 지쳐버린 저는 갓난아기를 어떻게 보살펴야 할지 몰라 무척 당황했었지요. 딸과 사위가 나만 의지하고 있었기 때문에 안심시키려고 겉으론 의연한 체했지만, 다리가 떨리고 몸이 주저앉으려고 해서 간신히 버텼어요. 어른 노릇이 이렇게 어려운 거구나 깨달았지요. 할머니 노릇은 그렇게 시작되었습니다.

이후 궁금한 것이 있으면 책을 읽고, 인터넷 검색을 하고, 또 실수도 하면서 하나하나 손에 익혀갔어요. 당시에 왜 할머니 노릇에 대한 책은 없는지 참 많이 아쉬웠습니다. 아기를 안는 방법, 목욕시키는 요령, 우는 아기 달래는 방법 같은 것은 잠재해 있던 기억이 되살아나 금세 익숙해졌어요. 정말 어려운 일은 아이와 놀아주는 일이었어요.

비자가 끝나 제가 한국에 돌아와야 해서 아이는 어린이집에 다니게 되었어요. 이후 저는 1년에 두 번씩 비자가 허용하는 대로 미국과 한국을 오가며 손주를 돌보아주었지요. 제가 미국에 있는 동안에 아이는 아침마다 어린이집에 가기 싫다며 도망 다녔어요. 비싼 보육료를 생각하면 보내고 싶었지만, 아이가 싫어하면 안 보내거나 일찍 데리고 와서 놀아주었지요. 아이는 집에 있으면 낮잠도 자지 않고 놀자고만 했어요. 그러니 아이가 어린이집에 가지 않고 하루 종일 함께 지내는 날은 많이 힘들었지요. 아이와 어떻게 놀아야 하는지 아이디어도 없고, 노래도 함께 부르고 싶은데 아는 노래가 없었으니까요. 아이와 노는 방법을 모르면 아이 보는 게 더 힘들다는 것을 알게 되었어요. 할머니들이 쉽게 TV를 틀어주는 게 이해가 되어요.

게다가 18개월이 지나면서는 말도 듣지 않고 자기주장이 강해졌어요. 손주를 키우면서 제가 전공한 발달심리 책도 다시 들여다보고 육아 책도 여러 권 읽었지요. 그러면서 점점 아이와 친해지고 노는 데 도가 트기 시작했어요. 동요 책을 사다가 함께 노래도 부르고, 동화책도 함께 읽었지요. 한국에 와서 며칠만 지나면 다시 손주한테 가고 싶어지더군요.

손주를 돌보면서 딸들을 키우던 시대와 상황이 많이 달라 이전의 육아 지식으로 아이를 돌보기 어렵다는 것을 알게 되었어요. 사실 우리가 아이를 키울 땐 육아 지식으로 아이를 키우지도 않았지요. 그저 여러 식구들과 어울려 살며 마당이나 골목길에 나가 마음껏 뛰어 놀게 한 것이 전부였지요. 우리 딸도 어렸을 때 눈만 뜨면 친구네 집에 달려가서 하루 종일 살다시피 했어요.

그러나 그런 이야기는 이제 전설이 되고 말았습니다. 그땐 아이들이 밖에서 놀고 오면 대부분 엄마가 기다리고 있었지요. 이제 시대가 달라졌어요. 엄마는 직장에 나가고, 아파트에 사는 요즘 아이들은 마음대로 밖에 나가지도 못하고, 기다리는 엄마는 오래도록 오지 않습니다. 아이들은 먹거리와 장난감이 넘쳐나는 환경에서 자라지만 마음이 허전하고 외롭습니다. 대가족과 많은 형제들 속에 살면서 여러 식구들의 사랑을 듬뿍 받으며 자라던 시절과는 전혀 다른 환경이죠.

그러니 예전에 자식을 키워본 경험만으로 손주를 키우기는 어렵습니다. 특히 태어나 첫 3년은 앞으로의 인생에 매우 중요한 영향을 미칩니다. 그 시기 아이의 특징이 무엇인지, 아이에게 무엇이 가장 필요한지, 무엇을 하지 말아야 하는지를 알아야 하지요.

이 책은 워킹맘을 대신해 육아를 맡은 할머니가 첫 3년 동안 어떻게 아이를 돌봐야 하는지를 제가 알고 있는 이론과 경험을 바탕으로 쓴 것입니다. 1장에서는 유능한 여성들이 직업전선에 뛰어든 오늘날 왜 할머니가 육아에 나서야 하는지를 이야기하고, 21세기 할머니 노릇은 무엇인지를 생각해보았어요. 그리고 첫 3년은 아이가 애착을 형성해야 하는 중요한 시기니까 워킹맘을 둔 아이에게는 할머니가 필요하다는 것을 이야기했습니다.

2장에서는 할머니 육아가 좋은 이유를 알아보았어요. 최근에 나온 이론인 '할머니 가설'이 말해주듯이 엄마가 일을 나가고 집에 남겨진 손주의 생존 가능성을 위해서는 할머니가 중요한 존재이지요. 게다가 '빠른 시간'을 사는 젊은이보다는 '느린 시간'을 사는 할머니가 느리게 성장하는 아이와 궁합이 맞는다는 것, 할머니는 보상심리가 없어서 조바심내지 않고 육아를 할 수 있다는 것, 할머니는 인생의 연륜을 품고 있어 더 길고 크게 보는 눈을 길러줄 수 있다는 것도 이야기했어요.

3장에서는 육아를 시작하면서 점검해야 할 점들, 아이 부모와 할머니의 관계, 육아법의 차이, 한계 설정하기, 할머니의 신체적 심리적 건강 지키기 등을 다루었어요. 여러 할머니 유형이 있는데, 어떤 할머니 유형이 좋은지도 알아보았어요. 할머니에게 오냐오냐 자라면 버릇없어진다고 하는데, 사랑을 듬뿍 주면서도 좋은 습관과 태도를 길러줄 수 있는 방법은 무엇인지, 도덕성은 어떻게 키워주고 공격성은 어떻게 금지해야 하는지 살펴보았습니다.

4장에서는 실제로 할머니가 육아를 하면서 알아두면 좋은 상식을 정리해보았습니다. 잘 먹고 잘 자는 아이로 키우는 요령, 미운 두 살 다루기, 배변 훈련, TV와 비디오 시청, 언어 발달, 분리 훈련에 대해 알아보았습니다.

이 책을 쓰면서 저 자신 반성을 많이 했습니다. 손주를 돌보면서 제대로 해주지 못한 것이 생각나 미안하기도 했어요. 그렇지만 제 경험을 되새기고 정리하면서 할머니 노릇에 바친 지난 몇 년의 삶이 인생에서 아주 보람되고 의미 있는 시간이었음을 깨달았습니다.

  손주 육아라는 힘겨운 짐을 맡은 할머니들에게 위로와 지지의 마음을 전합니다. 쉽지 않은 일이지만 그만큼 보람과 의미도 크다는 것을 저처럼 깨닫게 될 것입니다. 이 책이 힘든 시간을 지나고 있는 분들에게 조그만 힘이라도 될 수 있으면 좋겠습니다.

조혜자

PART 1
아이에게는 할머니가 필요하다

내가 할머니라고?

손주 돌보기, 손해일까 이익일까

3살까지는 끼고 키워야 하는 이유

하루 종일 어린이집에 있어야 하는 아이의 속마음

내가 할머니라고?

할머니가 되었습니다. 늦은 나이에 결혼을 한 딸이 공부가 끝나지 않았다고 한참이나 미루다가 낳은 손주는 눈에 넣어도 안 아플 만큼 예쁘고 반갑고 귀합니다. 그렇지만 환갑을 바라보는 나이에 할머니가 되어 놓고도, 처음에는 할머니라고 불리는 것이 거북하고 불편했습니다. 왜 그랬을까요?

첫아이를 낳고 엄마가 되었을 때를 떠올려봅니다. 엄마가 되었다는 건 당연히 흥분되고 기쁜 일이었지만, 처음에는 엄마라는 이름이 남의 옷을 빌려 입은 것처럼 어색하고 부담스러웠지요. 엄마라는 새로운 정체성이 자리 잡지 않아서 엄마 역할이 그렇게 어설펐을까요? 아니면 엄마 역할이 서툴러서 엄마라는 이름이 부담스러웠을까요? 그땐 젖 물리고 기저귀 갈고 목욕시키는 일도 잘 안 돼 쩔쩔맸죠. 아이가 왜 우는지 이유를 몰라 같이 울고 싶었던 적은 또 얼마나 많았는지요. 지금은 마치 태어날 때부터 엄마였던 것처럼 당연하게 여겨지는 엄마 노릇이 그때는 많이 힘들었습니다. 아이를 낳으면 누구나 엄마가 되지만, 엄마 노릇이 저절로 되는 것은 아닌 모양입니다. 더 어린 나이에 자식을 낳은 과거 우리 어머니들이 짠하게 다가옵니다.

출산 후 달라진 몸매, 나에게 전적으로 의지하는 아기, 내 시간은 더 이상 나만의 것이 아니라는 사실, 그리고 사회에서 뒤처지고 있다는 생각에 우울한 적도 있었죠. 아이를 잘 기르겠다고 다짐하고 기도해 놓고도, 때로는 엄마 노릇 다 집어치우고 잠이나 좀 실컷 자고 싶기도 했고, 극장이나 음악회에 가보고 싶기도 했지요. 밥도 해먹기 싫어 아이들을 끌고 문턱이 닳도록 친정을 드나들기도 했고요.

그러나 아이를 만지고 함께 웃고 아파하면서, 아이가 자라는 과정에 경이를 느끼면서, 점점 자신의 꿈보다는 아이를 먼저 생각하는 엄마가 되어갔습니다. 많은 여성이 이 과정에서 자신의 꿈을 접고 엄마 노릇에 자신을 쏟아 붓지요. 아이가 눈을 마주보고 웃어주었을 때, 처음 뒤집었을 때, "엄마" 소리를 처음 했을 때, 첫 발자국을 떼었을 때, 우주인이 달에 첫 발을 디뎠을 때보다 더 감격하고 기뻤지요.

아이가 커가고, 엄마 노릇에 노력을 기울일수록 아이를 내 분신이라고 생각하며 '이기적인 엄마'가 되어갔어요. 우리 아이가 남보다 공부를 잘해 좋은 학교에 진학하고, 경쟁사회에서 성공하기를 바라는 건 당연한 것이라 생각했어요. 그래서 아이의 발달이 뒤처진다고 느껴질 때, 말을 안 들을 때, 성적이 떨어질 때, 우리는 애가 타고 고통스러웠지요. 그러다 보니 아이 입장에서 생각하기보다는 내 입장에서 아이를 다그치고 들볶기 일쑤였습니다.

시간이 갈수록 부모가 의도한 대로 아이가 자라주지 않는다는 것을 깨닫게 되었지요. 아이들은 각기 나름대로 개성을 가지고 성장한다는 걸 터득하고 인정하는 데는 많은 세월이 필요했습니다. 그 사이에 포기하는 법, 분노를 삭이는 법, 인내하고 기다려주는 법도 조금씩 터득했고요. 아이는 나를 대신해서 살아주는 사람이 아니라는 사실도 알게 되었죠. '엄친아' 이야기를 들으면서도 우리 아이의 장점을 기억하면서 스스로 마음을 달래는 방법도 익혔습니다. 아이를 키우면서 인생을 배운 거죠. 그러면서 '엄마'라는 이름은 가장 소중한 이름이 되어갔습니다.

그 옛날 엄마라는 이름이 어색했듯이

어느새 그 아이들이 자라 결혼을 하고, 손주를 안겨주면서 우리에게 새로운 이름이 생겼어요. 처음 '엄마'라는 명칭이 낯설었던 것보다 '할머니'라는 호칭은 더 불편합니다. '할머니'라는 단어가 갖고 있는 부정적인 이미지 때문에 그렇게 불편한 것일까요? 중년 여성들이 "아줌마!"라는 소리를 들을 때 어쩐지 기분이 나쁜 것처럼 "할머니!"라는 소리를 들을 때 노인 취급을 받는 것 같아 기분이 좋지 않습니다. '내 나이가 벌써 그렇게 되었나?' 하는 생각과 더불어, 늙었다는 구체적인 신호로 느껴져 당황스럽고 기분이 언짢지요. 어떤 이는 할머니는 여자의 마지막 이름이라고 말합니다.

할머니, 할아버지가 되는 것은 분명 축복임에 틀림없지요. 하지만 우리말에서는 할아버지, 할머니라는 단어가 자기 부모의 부모를 부르는 호칭일 뿐만 아니라 나이 든 사람을 가리키는 일반적인 호칭도 되기 때문에 처음 그 호칭을 들으면 불편을 느끼나 봅니다.

특히 능력과 효율성, 젊음을 미덕으로 여기는 경쟁 사회에서 나이 든 사람의 경험과 지혜, 안정감은 인정받지 못합니다. 오히려 비효율, 느림, 추함이 부각되어 쓸모없는 잉여 인간처럼 여겨지고 있지 않나요? 나이 들어 노인이 되지 않을 사람은 없고, 100세 시대라고 할 정도로 점점 고령화되어가고 있는데도 노인에 대한 고정관념과 편견은 더 심해지고 있습니다. 이유도 없이 무시당하고 기회를 박탈당한 노인들의 억울한 이야기를 들으면 나에게도 그런 일이 닥칠까봐 가슴이 서늘해집니다.

한편 노인복지 예산이나 연금 구조가 젊은이들에게 경제적 부담을 가중시키고 있다는 이야기를 들으면 나이 든다는 것 자체가 미안하기도 해요. 그러다 보니 나이 들지 않은 척하고, 노인의 대열에 끼지 않으려고 애씁니다. 젊어 보이는 옷을 입고, 머리 염색을 하고, 기능성 화장품을 바르고, 열심히 운동을 하고, 영양제를 먹고, 주름살 성형을 하기도 하지요. "나는 달라"라고 하며 노인집단과 자신을 차별화하려고 합니다. 이런 마당에 '할머니'라는 호칭을 듣게 되면 자기도 모르게 민망해지는 거지요.

세상을 다른 눈으로 보게 해주는 마법의 이름

그러나 할머니가 된다는 것은 분명 기쁜 일입니다. 자녀들이 출가하고 빈 둥지 같던 우리 가정에, 그리고 감정이 메말라가던 우리 가슴에 손주는 기쁨과 웃음을 꽉 채워주며 등장합니다. 무궁한 가능성을 갖고 태어난 손주는 그야말로 희망이고 꿈입니다. 이 아이는 어떤 사람이 될까? 어떻게 교육하면 인생을 성공적으로 살게 될까? 자식을 향했던 기대는 이제 손주를 향해 방향을 틉니다. 손주를 위해 무엇이든 해주고 싶습니다. 손주가 자신의 유전자를 세상에 이어주는 분신이어서 일까요? 할머니, 할아버지 핸드폰 속에는 자식보다 손주 사진이 가득합니다. '돈 내고 자랑하라'는 말이 이제는 '돈 줄 테니 참아달라'는 말로 바뀔 만큼 손주에 대한 애정이 큽니다. 더구나 손주가 자기를 닮았다는 말을 들으면 애정은 더

욱 더 배가됩니다.

　이미 '엄마'로 살아본 경험이 있기에 아기와 새로운 관계를 맺는 것은 낯설지 않지요. 아직 엄마 노릇에 서툰 딸이나 며느리 대신 갓 태어난 손주를 돌봐주다 보면 종종 자신이 아기 엄마라도 된 듯한 착각에 빠질 때가 있습니다. 마치 늦둥이를 본 듯하죠. 게다가 아기에 대한 사랑이 넘치는 탓에 이것저것 간섭하고 싶고, 자신의 육아 방식을 강요하고 싶어져요. 긴 세월 동안 맡아온 '엄마' 역할은 가장 자신 있는 일이라는 생각이 드니까요.

　그러나 할머니는 할머니일 뿐, 아기 엄마는 아니지요. 아기가 일차적으로 끈끈한 유대관계를 맺어야 하는 상대는 아기의 부모입니다. 할머니, 할아버지는 이차적입니다. 게다가 세상은 너무 많이 바뀌어서 우리 세대가 쓰던 육아 방식은 구식이 되어버렸다고 무시하지요. 섭섭한 마음이 들지만 할머니 역할의 한계를 배워갑니다. 손주를 향한 흥분도 조금씩 잦아듭니다.

　그러다 손주가 말을 배워 "할머니!"라고 불러주면 '할머니' 정체성은 점점 굳어지고 확장됩니다. 이제는 '할머니'라는 호칭이 더이상 불편하고 어색하지 않습니다. '할머니'란 이름은 손주가 내게 보내는 사랑의 신호가 되고, 어느새 자꾸 들어도 또 듣고 싶은 이름이 되었습니다.

　할머니 노릇은 나도 모르는 사이 내 손주를 넘어서게 됩니다.

동네에서 어린 아이들을 만나면 남 같지 않습니다. "몇 살이니?", "아이구, 넘어져도 울지 않고 씩씩하구나" 하면서 그냥 지나치지 않고 한마디씩 하게 됩니다. 윗집에서 아이들이 쿵쾅거려도 참을 수 있습니다. 친구들이 손주 자랑에 열을 올려도 이제 듣기 불편하지 않습니다. 젊어서 자신에게만 집중했던 관심이 엄마가 되면서 아이를 향해 갔듯이 할머니가 되면서 우리의 관심은 손주와 이웃 아이들을 향해 열리고 있습니다. '할머니'는 세상을 다른 눈으로 보게 해주는 마법의 이름이 되었습니다.

손주 돌보기, 손해일까 이익일까

저는 어릴 때 할머니, 할아버지와 함께 살았는데 할머니는 말씀이 없는 분이었습니다. 할머니는 항상 아파 보였고, 조용히 당신 방에서 지내셨지요. 떨어진 양말, 덧신, 내의를 모아 걸레를 만드는 것이 할머니의 하루 일과였어요. 학교에서 걸레를 가져오라고 하면 우리는 할머니 방에 언제든 준비되어 있는 걸레를 들고 갔지요. 할머니는 없는 듯이 가족들에게 도움을 주는 것이 자신이 해야 할 일이라고 생각하셨는지도 모르겠어요.

　세상은 아주 많이 바뀌었어요. 우리 할머니 인생과 비교해보면 저는 교육도 받았고, 그리 주눅 들어 자라지는 않았어요. 그렇지만 여전히 사회는 남녀차별이 심했어요. 대학을 졸업해도 여성들에겐 취업의 기회가 적었고, 취업을 해도 기혼자를 꺼렸기 때문에 결혼하면 대부분 직장을 그만두어야 했지요. 우리는 마치 꿈이 없었던 사람들처럼 쉽게 꿈을 접었어요. 많은 친구가 장래 희망을 '주부'라고 쓴 것은 당시의 현실을 보여주지요. 다른 꿈을 가졌던 친구들도 나이가 차면서 좋은 남자 만나 결혼하고, 자식 낳아 건강하고 똑똑하게 기르는 것으로 꿈이 바뀌어 버렸지요. 그게 여자의 운명이려니 생각하고, 운명에 순응했어요. 저도 졸업 후에 일을 했지만 결혼하면서 그만두고, '아들 딸 구별 말고 둘만 낳아 잘 키우자'라는 인구 정책에 맞추기라도 한 듯 딸 둘을 낳았어요.

아이들 키우고 살림하면서 살다보니 '나는 누구인가' 하는 생각이 가슴속에서 솟구쳐 오르더군요. 살림도 아무나 잘하는 건 아니었지요. 밥하기 싫어서 눈만 뜨면 두 딸을 끌고 친정 나들이를 다녔지요. 그러다 온 식구를 끌고 친정집으로 들어가 버렸어요. 시댁 눈치도 안 보고 말이지요. 지금 생각해도 참 용감했다는 생각이 들어요. 혼자서 두 아이를 키우는 것보다는 대가족 속에서 키우는 게 좋겠다는 생각도 있었지요.

둘째가 두 돌이 되자 다시 공부를 시작했어요. 당시에는 어린이집도 없었고, 도우미에게 의지할 만큼 여유도 없었어요. 다행히 아이들은 외할머니, 외할아버지, 이모와 북적대며 살면서 행복하게 자랐어요. 저는 발달심리학과 여성심리학을 공부하면서 오히려 딸들에 대한 이해가 깊어지고 관계가 더 좋아졌지요.

사회가 변하면서 여성을 바라보는 눈도 달라졌습니다. 딸이 여자라는 이유로 자기 꿈을 접지 않고 원하는 삶을 살면 좋겠다고 바라게 되었지요. 아내가 직장에 나가는 건 용납하지 않으면서 딸은 사회에서 성공하기를 바라는 아버지도 많습니다. 저도 딸들에게 자기 삶의 주인은 자기 자신이라고 식탁에서 많이 이야기했어요. 여자도 자기 일을 가져야 한다고 귀에 못이 박히도록 말했지요.

할머니의 역할이 달라졌다

우리가 의욕적으로 키워낸 딸들은 과거 어느 때보다 사회에서 능력을 발휘하고 있습니다. 성공한 젊은 여성들은 어머니가 "꼭 일을 가져라, 결혼 해도 일을 놓아서는 안 된다"라고 격려해주었다고 말하더군요. 대학 합격률이나 사법, 행정고시, 의대나 법학 전문대학원의 합격자 수, 대학 수석졸업생 명단을 보면 과거 우리가 가졌던 고정관념이 얼마나 잘못된 것이었는지를 보여주지요. 오랜 고정관념이 벗겨지니 여성은 따뜻하고, 능력 있고, 자신감 넘치는 모습으로 짠 하고 등장한 거지요. 그러자 고질적이던 아들 선호사상도 바뀌어 요새는 아들보다 딸 낳기를 바라는 이들이 많아졌습니다. 왜 여자들이 공부를 더 잘하는지를 분석한 책도 나오고 있지요. 은행이나 공항, 병원, 슈퍼, 미술관, TV 등등 어디서나 일 잘하는 여성들이 보입니다. 그동안 여성에게 기회가 주어지지 않아 숨어 있던 힘이 갑자기 분출이라도 한 듯이 여성들은 여러 분야에서 능력을 발휘하고 있지요.

21세기는 여성의 시대가 될 거라던 예언이 들어맞기 시작한 걸까요. 이제 대부분의 젊은 여성들은 사회 진출을 선택이 아니라 필수로 여기고 있습니다. 일을 위해 결혼과 출산을 미루거나 출산하더라도 직업은 그대로 유지하겠다고 하지요. 알파걸, 골드미스라는 신조어가 이런 현상을 잘 설명해줍니다. 게다가 요즈음은 남성들도 아내가 직업을 가지는 것을 선호합니다. 물가는 오르고, 혼자 버는 월급으로는 아이들 교육을 제대로 시킬 수 없을지 모르니까요. 또한 평생직장이라는 개념이 사라진 지금, 언제 어떤 일이 닥칠지 모르는 일이지요. 주부로 살았던 할머니들 역시 며느리나 딸이 능력을 발휘하면서 살기를 소원해요.

이런 시대에 필요한 할머니 노릇은 우리 할머니처럼 자식들에게 짐이 되지 않고 조용히 지내는 것이 아니라 양육의 짐을 함께 져주는 것인지도 모르겠습니다.

물론 손주 돌보기가 그리 쉬운 일은 아니지요. 자녀가 임신을 하고 육아를 고민할 때 선뜻 나서기가 두렵습니다. 어린 아기를 돌본다는 건 그저 눈 맞추고 사랑을 해주는 것이 다가 아니니까요. 내 몸을 움직여 아이를 먹이고, 입히고, 기저귀 갈아주고, 재우고, 업어주어야 하니까요. 머릿속이 복잡해지며 계산을 하게 됩니다.

아기를 돌보자니 몸이 예전 같지 않습니다. 겉은 멀쩡해 보여도 여기저기 고장이 나기 시작했습니다. 손주 봐주다가 골병들었다는 말을 숱하게 들어왔지요. 절대 손주 키워주지 말고 자기 인생을 즐기라고 부추기는 사람도 주변에 많아요. 젊은 여성의 인생만 중요한 게 아니라 여태 희생해온 우리 인생도 중요하다는 생각도 들지요. 사회는 무섭게 변하고 있는데, 할머니 노릇만 하다가는 뒷방 늙은이로 전락할 것 같기도 하구요. 나이 들었지만 마음만 먹으면 배울 것도 많고 갈 곳도 많아요. 문화센터나 주민센터에 가보면 에너지 넘치는 여성들로 떠들썩합니다. 그 사람들과 어울리면 저절로 에너지가 생길 것 같지요. 그런데도 손주를 봐주어야 할까요?

발달심리학 이론에 따르면 태어나서 첫 3년은 가장 중요한 시기입니다. 초기에 따뜻하고 사려 깊은 돌봄을 받았는지가 한 사람의 정서적 안정과 평생의 대인관계에 결정적인 영향을 미칩니다. 인간은 평생 사랑을 필요로 하지만, 아무것도 제 힘으로 할 수 없는 영아기 때 애정 어린 돌봄이 특히 더 많이 필요합니다. 이 시기에는 아기와 눈을 맞추며 미소를 지어주고, 옹알이할 때 일일이 받아주고, 스킨십을 넘치도록 해주어야 몸과 마음이 건강한 사람으로 성장할 수 있습니다. 양육자가 아기를 전적으로 돌봐야 하는 시기인데, 베이비시터나 어린이집에 맡기면 아이가 충분한 사랑을 받기 어렵습니다.

그렇다고 오랫동안 애써 공부하고 이제 막 꿈을 실현하고 있는 딸이나 며느리에게 일을 접고 육아에 전념하라고 할 수는 없는 일이지요. 엄마, 아빠가 아기를 돌보는 일에 전적으로 매달릴 수 없다면 할머니가 도와주는 것이 가장 안심이 됩니다. 할머니가 육아에 참여하는 것이 절실하게 필요한 때입니다.

투자 대비 가장 효율적인 일

할머니 육아의 득실을 따져보면 손해일까요, 이익일까요? 긍정적으로 생각하면 할머니 육아는 이익이 되어요. 아이의 해맑은 미소를 보면 나도 모르게 저절로 웃음이 나고 사랑이 솟아나는 걸 막을 길이 없으니까요. 인생 후반기로 접어들면서 호르몬 변화로 우울증이 스멀스멀 스며들던 마음이 아이로 인해 밝아집니다. 그토록 예쁜 손주가 충분히 사랑을 받지 못해 마음이 시들어간다면 우리 마음도 어두워지겠지요.

할머니가 사랑과 관심을 아이에게 퍼붓는 것이 아이 인생에 큰 힘이 된다면, 힘들더라도 첫 3년만이라도 아이를 돌봐주는 게 우선이란 생각이 들어요. 어릴 때 할머니에게 받은 사랑을 아이가 구체적으로 기억하지는 못할지라도, 그것은 무의식에 박혀 인생 여정 내내 세상을 긍정적으로 바라보고 주변 사람들과 좋은 관계를 맺으며 살아가는 힘이 되겠지요.

사실상 손주가 우리 손을 필요로 하는 시간은 그리 길지 않습니다. 아이들은 쏜살같이 커버리지요. 학교에 다니고 친구를 사귀고 공부에 쫓기게 되면 할머니는 관심 밖이 될 거예요. 손주와 즐길 수 있는 지금 이 시간이 또다시 오는 것은 아니지요.

할머니 노릇은 손주뿐 아니라 엄마, 아빠가 된 우리 자녀들을 사랑하는 방식이기도 하죠. 어른이 된 자녀들은 지금 사회에서 자리 잡기 위해 시간에 쫓기고 허덕입니다. 돌보미의 도움을 받는 경우 아이를 어떻게 다루는지 불안하고 안심이 되지 않는다고 합니다. 어떤 엄마들은 집에 몰래카메라까지 설치한다고 하네요. 아이를 어린이집에 맡기는 경우 선생님이 아이를 학대하지 않을까 두렵습니다. 또한 직장 엄마들은 퇴근 시간 즈음에 갑자기 업무가 생겨 퇴근할 수 없을 때 아이를 어떻게 해야 할지 몰라 당황하고 쩔쩔매게 됩니다. 그런 일이 아니더라도 집에 오면 하루 종일 남의 손에 맡겨졌던 아이의 투정을 받아주느라 숨이 턱에 찹니다.

우리가 육아의 짐을 나눠서 져준다면 자녀들은 안심하고 일에 매진할 수 있을 뿐 아니라 가쁜 숨을 고르고 힘을 충전할 수 있겠지요. 사랑은 말이나 염려, 감정으로만 하는 것이 아니라 몸으로 보여줄 때 더 강하게 전달되겠지요.

3살까지는 끼고 키워야 하는 이유

 태어나 첫 3년은 세상을 살아가는 데 필요한 능력을 하나하나 갖추어가는 시기입니다. 젖을 먹던 아기가 이유식을 거쳐 밥을 먹게 되고, 그저 울음으로만 의사 표현을 했던 아기가 말을 하게 됩니다. 기저귀에 아무 때나 일을 보던 아기가 대소변을 가리고 자기를 통제할 수 있는 능력도 갖추게 되지요. 이런 발달 하나하나가 어른들 눈에는 사소해 보이지만, 이것은 인간다움에 기본이 되는 능력입니다. 시간이 지나고 나이를 먹는다고 이런 발달이 저절로 이루어지는 것은 아닙니다. 누군가의 살뜰한 보살핌을 받으면서 인간다움을 갖추어 가는 것이지요.
 십여 년 전 시베리아 외진 산골에서 개가 키운 7살짜리 남자아이가 발견되었어요. 이 아이는 생후 3개월에 엄마가 집을 나가고, 아버지마저 집을 떠나는 바람에 혼자 남게 되었는데, 이 집 개가 먹을 것을 찾아다 주며 돌보아주었다고 합니다. 발견 당시 아이는 네 발로 기고, 짖는 소리를 내며, 음식을 먹기 전에 냄새를 맡고, 사람을 무는 습성을 보였다고 해요. 이후 보육원으로 옮겨져 교육을 받았지만, 말을 배우는 것은 어려웠다고 합니다. 칠레에서도 10여 마리 들개와 함께 동굴에서 지낸 11살짜리 소년이 발견되었는데, 말도 제대로 못하고 성격은 들개처럼 사나웠다고 해요. 인생 초기의 환경과 경험이 얼마나 중요한지를 보여주는 사례입니다.

육아가 어려운 건 아기가 미숙하게 태어나 오랫동안 돌봐주어야 하기 때문입니다. 동물은 이미 어미 뱃속에서부터 많이 성장해서 태어납니다. 송아지는 태어나자마자 일어나서 어미의 젖을 빱니다. 만물의 영장이라는 사람이 태어나 혼자서 할 수 있는 일이라고는 젖을 빨고, 울고, 대소변을 보는 게 전부입니다. 이렇게 미숙하게 태어나지만 인간에게는 학습 능력이 있기 때문에 만물의 영장이 될 수 있었습니다. 그렇지만 아무 때나 배울 수 있고 발달하는 것이 아닙니다. 뇌가 발달하는 중요한 시기에 학습이 이루어져야 합니다. 그 시기에 꼭 필요한 경험과 학습의 기회를 놓치면 나중에 치유하는 데 시간이 많이 걸리거나 치유가 어렵게 되지요.

첫 3년, 아이의 평생이 결정된다

태어나서 첫 3년은 다른 사람과 유대감을 형성하는 뇌가 발달하는 시기입니다. 뇌의 가운데 부분, 그러니까 변연계와 편도체가 정서와 사회성을 담당하는데, 이 시기에 발달하지요. 많은 발달심리학자들은 아이가 이 시기 동안 사랑을 듬뿍 받고 자라는 것이 가장 중요하다고 말합니다. 아이를 돌봐주는 사람이 아이가 울 때마다 금방 반응해주고 따뜻한 사랑으로 안아주고 보살펴주면 아이는 세상과 인간을 신뢰하게 되지만, 울어도 봐주지 않고 방치하게 되면 아이는 상처를 입게 되고 그것이 뇌의 정서회로에 저장되어 무의식적 기억으로 평생 자리 잡습니다. 의식적인 기억을 담당하는 뇌의 부위는 발달하지 못해서 세 살 이전에 있었던 일을 구체적으로 기억하지는 못하지만, 무의식적인 기억을 형성하는 편도체의 회로가 발달하기 때문에 그때 받은 사랑이나 상처는 지속적으로 영향을 미치지요. 때를 놓치지 않고 충분히 사랑을 받아야 하는 이유입니다.

세계 2차 대전으로 부모와 헤어져서 고아원에 맡겨진 아동들은 날이 갈수록 우울해하고, 사람들을 피하고, 자주 아팠다고 합니다. 심리학자 보올비(Bowlby)는 이런 현상이 생기는 원인을 연구한 결과, 애착 때문이라는 것을 알게 되었어요. 애착은 양육자와 아동 간에 만들어지는 지속적이고 강한 애정의 결속을 말합니다. 어린 시기에는 먹여주고 씻겨주는 것 뿐 아니라 따뜻한 사랑을 주고 안아주는 것이 아주 중요하다는 것이지요.

어린 원숭이를 철창에 넣어두고 '천으로 만든 어미'와 '철사로 만든 어미'와 함께 지내게 한 실험이 있어요. 철사로 만든 어미에게 가면 우유를 먹을 수 있도록 장치를 해두었고, 천으로 만든 어미에게는 아무것도 얻어먹지 못하는 상황이었죠. 어린 원숭이는 우유를 주는 철사 어미에게 가서는 우유만 먹고 얼른 떠났답니다. 대신 따뜻한 천으로 만든 어미에게 가서 하루 종일 매달려 놀았다고 합니다. 그만큼 따뜻하고 부드러운 접촉이 중요하다는 것이지요.

아기들은 사랑을 하고 받을 준비를 금방 갖춥니다. 태어나서 6주까지는 사람 얼굴과 물체를 구분 못하지만, 6주만 되어도 점점 사람 얼굴을 좋아합니다. 2~3개월만 되면 양육자의 미소에 웃으며 답하고, 다시 웃음이 돌아오기를 기대하지요. 아이가 미소를 지었는데도 상대가 무표정한 반응을 보이면 아이는 의아해합니다. 이후 6~7개월까지 친숙한 사람들을 더 편안해하고, 울 때도 좋아하는 사람이 달래주면 빨리 진정되어요.

아기는 자기를 돌봐주는 사람의 얼굴을 마주 보고 표정과 몸짓, 목소리를 주고받으며 상호작용을 합니다. 아주 예쁠 때지요. 이 시기에 양육자가 아기의 요구에 빨리 반응을 해주면 아기는 자신과 다른 사람의 행동이 관계가 있다는 것을 잘 배우게 됩니다. 이때는 아기가 감각적인 느낌으로 세상을 마주하기 때문에 아기가 울 때 안아주고 아기의 요구를 들어주는 것이 중요하지요. 기저귀가

뽀송뽀송하고, 따뜻하고, 잘 먹여주고, 편안하게 안겨 있으면 자기 존재가 기쁘게 받아들여지고 있다고 느끼고, 세상은 편안하고 믿어도 되는 곳이라고 생각하지요. 울어도 기저귀를 갈아주지도 않고, 춥고, 배고프고, 혼자 남겨져 있다면 아기는 외롭고, 불안하며, 세상과 인간을 믿지 못하게 됩니다.

6, 7개월이 되면 아기는 엄마나 할머니의 행동을 보고 배우며 기억할 수 있어요. 자기를 돌봐주는 사람이 누구인지, 어떻게 사랑을 베푸는지를 알게 되는 거지요. 배가 고프거나 기저귀가 젖어서 울 때마다 곧 도움을 받으면, '조금만 있으면 도와주겠지'라고 생각하면서 기다릴 수 있습니다. 배고프지만 우유를 타는 모습을 보면서 참을 수 있고, 기저귀가 젖어 찜찜하지만 기저귀 가지러 가는 할머니를 보며 기다릴 수 있습니다. 이 시기에는 일대일로 일관된 보살핌을 받는 것이 매우 중요합니다.

이렇게 기억력이 생기고, 기어 다닐 수 있게 되면서 좋아하는 한 사람에게만 집착하고 떨어지지 않으려고 합니다. 혼자 있거나 낯선 사람을 만났을 때, 그리고 익숙하지 않은 곳에 있을 때는 불안과 두려움을 느끼지요. 그래서 낯가림이 생기고, 모르는 사람에게 가지 않으려 합니다.

낯가림을 하고 양육자와 헤어지지 않으려고 하는 격리불안은 돌 때 가장 심해져요. 아기는 엄마가 출근할 때면 떨어지지 않으려고 울고 매달리지요. 할머니가 외출할 일이 생겨 남에게 아이를 맡기려 하면 떨어지려 하지 않습니다. 아이가 자꾸 울고 보채니까 엄마나 할머니가 몰래 나가기도 하는데, 이런 일이 반복되면 아이는 신뢰를 잃게 되고, 불안해하고, 분노를 표시하게 되지요.

무조건적인 사랑이 절대 필요한 시기

두 살까지 충분한 사랑을 받고 애착이 잘 형성되면, 부모나 할머니가 주변에 있기만 해도 아이들은 안심하고 여기저기 돌아다닐 수 있어요. 낯선 환경에서도 새롭고 신기한 것들을 보면 다가가서 만져보기도 합니다. 부모나 할머니가 안전기지 역할을 해주기 때문에 자기가 위험할 때는 보호받을 수 있다는 믿음이 있는 거지요. 그러나 그런 믿음이 없는 아이들은 불안해서 주변을 탐색조차 할 수가 없어요. 낯선 환경에 갔을 때 울며 양육자와 떨어지지 않으려고 할 수 있지요. 만약 아이가 이런 상태라면, 억지로 떼어 놓으려 하지 말고 많이 안아주면서 편안해질 때까지 함께 있는 것이 좋겠지요. 사랑보다 더 나은 보약은 없습니다.

아이가 충분히 사랑받지 못한다고 느끼면 정서적인 문제가 생기고, 반응성 애착장애를 보일 수 있어요. 처음에는 사람을 보고 잘 웃던 아기가 점점 반응하지 않게 되지요. 돌보는 사람이 안아줘도 멍하게 있거나 좋아하지도 않고, 화가 나면 공격적으로 변할 수도 있습니다. 그래서 엄마, 아빠가 직장에 나가서 마음이 허전한 아기에게는 할머니가 따뜻하게 많이 안아주고 보살펴주는 무조건적인 사랑이 아주 중요합니다. 우리가 손주를 돌보면서 가장 자신 있는 점은 사랑을 주는 것 아닌가요? 진화론자들이 할머니가 있는 아이들의 생존율이 높다고 한 것도 이런 이유 때문이겠지요. 대가족 속에서 자란 아이는 여러 사람의 사랑을 받으면서 안정적으로 클 수 있습니다. 이런 점에서 아이가 크는 동안 할머니, 할아버지와 한 집에서 북적대며 함께 사는 것이 아이에게도 조부모에게도 좋습니다.

부모와 조부모가 아이에게 바라는 것은 같을 겁니다. 변화무쌍한 사회에서 아이가 잘 적응하고 행복하게 살아가는 것이겠지요. 그 바탕이 되는 것이 바로 정서적인 안정과 사회성입니다. 이미 IQ보다 EQ가 더 중요하다고 밝혀졌잖아요. 아이들이 정서적으로 불안하면 학습 능력도 떨어지고, 학교에 들어가서도 문제를 일으킬 가능성이 높지요. 요즈음엔 학교에서 왕따를 당하거나 학교폭력에 연루되는 것이 무엇보다 두렵습니다. 바로 그 정서적인 안정과 사회성의 기초가 첫 3년에 형성되는 것이지요.

인간 발달을 전체적으로 놓고 보았을 때 어느 시기에 투자하는 것이 가장 효과적인지 아십니까? 연구 결과는 영유아기에 투자하는 것이 가장 투자 효과가 높다고 밝히고 있어요. 영유아기에 사람을 사랑하고, 배려하며, 규칙을 지키고, 자신을 조절하는 능력을 기르는 것이 나중에 성인이 되었을 때 질병이나 범죄, 사회적 문제 때문에 생기는 비용을 줄일 수 있다는 것이지요(김성일 외, 2013). 쉬운 예로 10대 때 막대한 사교육비를 쏟아 붓는 것보다 첫 3년 동안 따뜻한 사랑을 받으며 자라게 하는 것이 더 효과가 크다고 할 수 있죠.

워킹맘을 대신해 할머니가 육아에 나서는 것이 돈으로 환산할 수 없을 만큼 중요하다는 것을 보여주지요.

하루 종일 어린이집에 있어야 하는 아이의 속마음

루마니아의 고아원 이야기를 들어보신 적이 있나요? 1965년부터 독재정치를 해온 차우셰스쿠는 인구가 많을수록 국력이 신장된다며 피임과 낙태를 금지하고 무조건 한 가정당 4명 이상의 자녀를 낳으라고 했답니다. 경제적으로 어려운 가정은 많은 아이를 기를 수 없어 국영고아원에 맡겼고, 고아원은 초만원이 되어 아이들을 제대로 돌볼 수 없었다고 해요. 보모 한 명이 30명까지 돌봐야 했기 때문에 아이들은 거의 방치 상태에서 자랐지요. 아이들은 기둥에 매달린 우유병에서 우유를 빨아 먹었다고 합니다. 신체적으로 학대를 받지는 않았지만 사랑과 따뜻한 보살핌을 전혀 받지 못한 거죠. 1989년 독재체제가 무너진 뒤 그 고아원의 상황이 세계에 알려지게 되었어요.

　당시 고아원 아이들은 세 살이 넘었는데 말을 못하고, 사람들에게 반응도 보이지 않고, 무엇에도 관심이 없었다고 해요. 몸은 병약

하고 심한 정신지체도 보였다고 합니다. 일부는 영국의 좋은 가정에 입양되거나 좋은 보호시설로 보내져 회복되기도 했지만, 여전히 다른 아이들보다 인지적으로나 사회적으로 뒤떨어지는 아이들이 많았다고 해요. 최근 소식에 따르면, 당시 고아원에 수용되었던 고아들은 대부분 처참하게 살고 있다고 합니다. 수백 명이 AIDS 보균자이고, 사회에서 소외된 채로 살면서 마약중독 상태라고 하네요. 어릴 때의 양육 환경이 얼마나 중요한지를 잘 보여줍니다.

무상보육이 필요하긴 하지만

1970~80년대 우리나라 정부는 산아제한정책을 전개했지요. '둘만 낳아 잘 키우자'부터 시작해 '둘도 많다, 하나씩만 낳아도 삼천리는 초만원'이라는 광고까지 나왔어요. 그런데 이제는 젊은이들이 결혼과 출산을 기피합니다. 그러자 저출산 대책으로 다양한 정책이 시도되고 있네요. '하나는 외롭습니다. 자녀에게 가장 좋은 선물은 동생입니다'라는 포스터도 있고, 출산 장려금도 줍니다. 아이 기르는 것을 프랑스처럼 사회가 책임져야 한다고 무상보육에 예산을 쏟아 붓습니다.

그러나 아무리 공짜가 좋다 해도 무상보육 받겠다고 아이를 낳지는 않는군요. 안정된 직장을 찾지 못하고 제 앞가림도 못해 쩔쩔

매고 있는 젊은이들이 무작정 아이를 낳을 수는 없지요. 게다가 무상보육이 아이를 행복하게 잘 키워준다는 보장을 해주지도 못합니다. 어린이집 보육료를 지불해준다고 해도 국공립 어린이집에 들어가기는 하늘의 별 따기이고, 시설 좋은 어린이집이라 해도 교사들이 아이를 어떻게 대할지 모르니까요. 최근 한 신문사가 대학생을 대상으로 한 연구에서 여대생 800명 중 76.8%가 '자녀를 잘 키울 자신이 없으면 낳지 말아야 한다'고 응답했네요. 그들이 옳을지도 모른다는 생각이 들어요. 루마니아 고아원의 예만 보아도 아이 낳는 게 중요한 게 아니라 잘 키우는 것이 더 중요하기 때문이지요.

우리나라는 2012년부터 0~2세 영아 무상보육을 시작했고, 2013년부터는 5세 누리과정까지 무상보육을 확대했어요. 무상보육 때문에 출산율이 올라가지는 않았지만, 워킹맘이나 아이 돌보기에 지쳐 있던 엄마들에게는 희소식이었지요. 게다가 집에서 아이를 돌보는 것보다 어린이집에 맡기면 경제적인 지원이 더 많으니까 너도나도 안 보내면 손해라고 생각하며 어린이집을 찾습니다.

우리 어린이집 현실은 어떤가요? 보육교사 1인당 1세 미만은 3명, 2세 미만은 5~7명, 2세 이상은 7~9명, 3세 이상은 15~18명을 책임집니다. 교사가 아이들에게 일일이 눈을 맞추고 안아주고 반응할 시간이 없지요. 집에서 아이 한 명을 돌보기도 어려운데, 여러 명을 한꺼번에 돌보는 일은 무척 힘이 듭니다. 교사 1명이 1세 미만 아이 3명을 돌본다고 하면 적은 수인 것 같지만, 아이를 충분히 안아줄 틈이 없지요. 쌍둥이를 키우는 엄마 이야기를 들어보면 둘 보기도 너무 힘들어서 도우미가 없으면 어렵다고 하더군요.

그런데도 선생님들의 처우는 매우 낮아서 근무시간은 일주일에 55시간이나 되고, 급여도 일에 비해 많이 낮습니다. 적은 보수에 아침부터 저녁까지 많은 아이들을 돌보다보면 마음도 몸도 지칩니다. 그러다보니 보육교사 이직률이 높아 선생님이 자주 바뀝니다. 아이와 애착을 형성하기도 힘들죠.

최근 드러난 어린이집 학대 문제는 어제오늘의 일은 아닐 거에요. 담임교사 혼자 많은 아이들을 하루 종일 보아야 하기 때문에 선생님들은 모든 아이의 일거수일투족을 관찰할 수 없다고 해요. 갑자기 아픈 아이가 생겨 돌보다보면 다른 아이가 사고를 저지르곤 하죠. 교사가 아무리 능력이 있고 성품이 좋아도 11시간 동안 그 많은 아이에게 주의를 기울이기는 어렵습니다. 어린이집에서 선생님 한 명이 아이를 돌보는 데 적합한 시간은 하루 6시간이라는 연구결과도 있어요. 엄마가 하루 종일 한두 명의 자기 아이를 돌보면서도 힘들어하는데, 어린이집에서 각기 다른 개성을 가진 아이들을 잘 돌보아주기를 기대하는 것은 무리라는 생각이 들어요.

어린 아이들의 우울증

하루 종일 어린이집에 있어야 하는 아이들은 사랑에 굶주립니다. 사랑받기 위해 태어난 아이들은 선생님의 눈길을 필요로 하고 안기고 싶어 해요. 특히 어릴수록 안아주고 보살펴주는 게 필요한데, 많은 아이를 돌보는 선생님에게 요구하기는 불가능한 일이지요. 아직 기저귀도 안 뗀 아이들 기저귀를 갈아주는 데만도 시간이 훌쩍 가버리니까요.

우리 손주 다니던 어린이집은 고맙게도 선생님들이 많이 안아주었고, 우리 눈에는 선생님들이 모두 잘해주는 것 같았어요. 그런데도 아이는 웬일인지 싫어하는 선생님이 있더군요. 그런 선생님 앞에 가면 주저하고, 몸을 도사리고, 울음이 터져 나오려고 했어요. 말도 못하는 아이에게 어떤 일이 있었는지 알 수는 없지요. 기저귀를 갈아주면서 선생님이 "아~ 냄새나"라고 혼잣말이라도 했다면 아이는 상처를 받았겠지요. 점점 기억 능력이 생기고 낯가림이 생기면서 아이는 익숙하지 않은 선생님, 싫은 표정을 지었던 선생님을 피하는 것 같아요.

얼마 전 10개월짜리 아들과 딸 쌍둥이를 둔 부부와 식당에서 만나 식사를 했습니다. 엄마는 아들을 젖 먹이면서 재우느라, 아빠는 딸이 안겨서 떨어지지 않으려 해서 식사를 하기 어려웠어요. 아이들을 안아주고 싶었지만 딸은 내가 쳐다보기만 해도 입을 삐죽거리면서 울려고 했어요. 제가 모르는 체해주는 게 돕는 일이었지요. 그러다가 잠자던 아들이 깨어났어요. 이 아이는 낯가림을 덜 하는 듯 보였어요. 저를 쳐다보면서 웃기도 하고, 손을 벌리니 저에게 오더군요. 아이들 아빠, 엄마에게 밥 먹을 시간을 주려고 저는 아기를 안고 주변을 돌아다녔어요. 그런데 얼마 지나지 않아 아기가 눈물을 뚝뚝 흘리며 소리 없이 서럽게 울기 시작했어요. 나는 아기 눈에서 그렇게 큰 눈물이 나오는 것을 본 적이 없었기 때문에 많이 당황했지요. 아이는 낯선 사람에게 안겨 불안하니까 주변의 신기한 것들에 관심조차 생기지 않았던 거지요. 말도 못하고 불안해했을 아기에게 많이 미안했어요. 부모와 잠시 떨어져도 이렇게 힘들어하는데, 만약 이 아이가 하루 종일 어린이집에서 지낸다면 얼마나 힘들어할지 눈에 선했어요.

좋아하는 사람들과 오래 떨어져 지내는 아이는 영아 우울증을 겪기도 합니다. 격리되어 치료받아야 하는 병원이나 어린이집에서 오랜 시간을 보낸 아이 중에 우울증을 보이는 아이들이 많아요. 처음에는 울면서 대리양육자를 거부하다가 점차 위축되고 활동이 줄어들지요. 얼굴을 파묻거나 숨고 어울려 놀지도 않아요. 식욕도 잃고 체중도 줄고요. 그러다가 적응한 것처럼 장난감을 가지고 놀고 음식을 먹기도 합니다. 그렇지만 엄마나 좋아하는 사람을 봐도 낯선 사람 만난 듯 무감각하게 반응합니다. 어린이집에 아이를 데리러 가보면 엄마가 와도 반기지 않고 무표정하게 가만히 있는 아이들이 있어요.

어린이집은 전염병의 온상이기도 해요. 한 아이가 감기나 수족구 같은 병에 걸리면 모두에게 전염되지요. 한 공간에서 하루 종일 지내는 아이들은 쉽게 옮을 수밖에 없어요. 우리 동네 한 엄마는 저에게 푸념을 하더군요. 아침에 일찍 출근하느라 아침도 먹이지 못하고 어린이집에 데려다 주면 선생님이 아이들 이유식을 먹여준다네요. 어느 날 우연히 보니 서너 명을 나란히 앉혀놓고 수저 하나로 모두에게 떠먹이고 있더래요. 그러니 아이가 감기를 달고 사는 것 같다고 말이지요.

어린이집에 보내는 워킹맘은 아이가 아플 때 맡길 데도 없는데 어린이집에 오지 말라고 해서 더 힘들다고 해요. 우리 딸도 제일 힘들어 한 일이 갑자기 아이가 아파서 어린이집을 못갈 때였지요. 봐줄 사람을 구할 수 없을 때는 할 수 없이 결근을 했어요.

아이 엄마가 언제 부탁을 해도 아이를 봐줄 수 있는 사람은 누구일까요? 어린이집을 다니는 아이들에게도 할머니의 도움은 절실합니다.

할 수 없이 육아도우미를 찾는 워킹맘이 있습니다. 어린이집에 비해 비용이 비싸 큰 부담이 되더라도 아이가 행복하게 자라기를 바라며 출혈을 감수하지요. 요즈음에는 조선족 도우미가 많더군요. 아는 것도 많고, 아이를 좋아해서 만족할 만한 육아를 대신해주는 분들을 많이 보았어요. 그렇지만 중간에 일을 그만두면 다시 다른 사람을 찾아야 합니다. 돌봐주는 사람이 자꾸 바뀌면 아이는 어쩔 수 없이 불안해집니다.

좋은 도우미만 있는 것이 아니니까 엄마들은 많이 불안하지요. 어떤 도우미는 우유병에 수면제를 타서 먹이고 놀러 다녔다는 이야기도 심심찮게 들려요. 엄마가 볼 때는 잘하는 척하면서 엄마만 없으면 아이에게 함부로 하고, 아이 머리를 흔들면서 야단을 치고 해서 아이가 이상해졌다는 괴담도 들리고요. 그러다보니 집에 CCTV까지 설치하는 각박한 세상이 되었어요.

일하는 엄마를 둔 아이에게 필요한 것

아이가 자라 어떤 사람이 될지는 알 수 없습니다. 하지만 첫 3년간 어떤 환경에서 자랐는가에 따라 아이가 세상을 바라보는 관점이 크게 달라집니다. 그러니 이때 돌보아주는 사람이 어떻게 아이를 양육하느냐가 매우 중요합니다.

양육에는 두 가지 측면이 있어요. 하나는 어른들이 아이를 '수용하고 반응' 해주는 측면입니다. 애정을 얼마나 보여주는지, 얼마나 미소 짓고 칭찬해주고 격려해주는지와 관련된 것입니다. 다른 한 측면은 '요구와 통제'입니다. 아이에게 규칙을 지키라고 요구하는 것이지요. 규칙을 지킬 때는 칭찬하지만, 잘못했을 때는 벌을 줍니다. 두 가지 모두 양육에 필요하지만 아직 어린 아기에게는 무조건적인 사랑, 즉 '수용과 반응'이 더 필요합니다.

어린이집과 육아도우미에게 애정 어린 '수용과 반응'을 요구하기는 어렵습니다. 많은 아이를 돌봐야 하는 어린이집에서는 '요구와 통제'가 전적으로 필요하기 때문에 무조건적인 사랑을 줄 수가 없습니다. 육아도우미도 아이를 편하게 돌보려고 아이를 통제하기 쉽지요.

그런 점에서 보면 일하는 엄마를 둔 아이에게는 할머니가 꼭 필요하다는 생각이 듭니다. 할머니는 아이들에게 꼭 필요한 '수용과 반응'을 잘 해줄 수 있는 애정 전문가니까요. 할머니가 육아를 전적으로 맡아준다면 가장 좋겠지만, 어린이집에 보내는 경우에도 조금 일찍 데리고 와서 할머니가 봐주면 엄마들은 마음이 놓이지요. 제 주변에는 그런 할머니들이 많이 있더군요. 아이가 어린이집에서 무언가 마음이 허전하고 불안했더라도 집에 돌아와서 할머니의 폭포수 같은 사랑을 받으면 안정감을 찾게 될 거예요. 육아도우미에게 맡기는 경우에도 할머니가 낮 시간에 들러 몇 시간이라도 같이 놀아주면서 사랑을 베풀어주면 아이가 편안해합니다.

사실 아이를 키우는 데는 아빠, 엄마, 할머니뿐 아니라 할아버지, 언니, 오빠, 고모, 이모, 친구들에 이르기까지 많은 사람의 사랑이 필요합니다. 아프리카 속담에 '아이 하나를 키우는 데는 온 마을이 필요하다'는 말이 있지요. 한 아이가 받는 관심과 배려는 그 집안에 있는 어른의 수에 비례한다는 연구결과도 있어요. 할머니가 육아를 대신 하는 경우에도 가족들이 함께 도와주고 사랑을 표현한다면, 아이는 행복한 어린 시기를 선물로 받게 되겠지요.

PART 2

할머니가 육아에 나서야 하는 이유

- 할머니 가설: 육아는 혼자 하는 것이 아니다
- 할머니와 아이의 느린 시간표
- 엄마의 보상심리와 할머니의 조건 없는 사랑
- 멀리 보면 느긋하게 기다려줄 수 있다

할머니 가설:
육아는 혼자 하는 것이 아니다

진화론에 '할머니 가설'이라는 이론이 있습니다. 여성이 나이 들어 폐경이 되고 생식 능력이 사라지는 것은 젊은 딸이나 며느리가 아기를 낳을 때 손주를 돌봐주도록 하기 위해서랍니다. 할머니 가설은 할머니가 있는 가정에서 인구수가 더 많았다는 기록을 바탕으로 비교적 최근에 만들어진 이론이에요. 인간은 다른 동물보다 미숙하게 태어나 오랫동안 보살핌을 받아야 하는데, 엄마 혼자 아기를 돌보기보다는 할머니가 손주를 봐주는 것이 생존에 유리하다는 것이지요. 할머니는 육아의 지혜가 있어서 할머니가 도와줄 때 아이의 생존력이 더 높다는 것입니다. 지금은 의료기술이 많이 발달해서 영아 사망률이 높지 않지만, 예전에는 많은 아이가 어린 나이에 죽었지요.

예전에는 피임약이 개발되지 않아 늦게까지 아이를 출산했어요. 며느리와 같은 시기에 출산하는 경우도 많았지요. 할머니들이 이보다 더 오래까지 아이를 출산할 수 있었다면 몸이 나빠지거나 젖이 안 나와 아이를 제대로 돌봐주지 못했을 것이고, 건강하지 못한 아이가 태어날 위험이 컸을 겁니다. 또 할머니가 자기 아이를 돌보느라 손주를 봐주지 못하면 아직 육아에 서툰 젊은 엄마들이 제대로 아이를 키우기 힘들었겠지요. 옛날에는 육아 서적도 없어 경험에 의존해야 했으니, 어린 나이에 아기를 낳은 엄마들은 할머니 도움이 절실하게 필요했을 거예요. 그러니 할머니가 자기 아이를 낳는 것보다 손주를 돌봐주는 것이 자손 번식에 더 유리했겠지요. 결국 자손의 생존율을 높이기 위해서 할머니의 생식 능력이 사라지게 되었다는 것이지요. 할머니기 손주를 돌봐야 하는 필요성 때문에 폐경으로 진화가 이루어졌다는 가설이지요.

종족 보존과 폐경의 관계

진화론의 핵심은 이렇습니다. 생명체는 주어진 환경에서 살아남기 위해 생존경쟁을 하게 되는데, 번식하지 못하는 종은 자연스럽게 도태되고 생존과 번식에 유리한 성질을 가진 종이 살아남는다는 이론이지요. 강자가 살아남고 약자는 사라진다는 '약육강식'이 대표적입니다. 유리한 성질은 후대로 전달되어 그 종의 특성이 된다는 것이지요. 인간이나 동물이 지금 가지고 있는 특성은 종족 보존과 번식에 필요하기 때문에 갖게 되었다는 겁니다. 생존경쟁을 위해 할머니의 손이 필요해서 폐경이 오는 것이라니, 할머니의 존재감이 살아납니다. 할머니가 베푸는 육아가 인류의 생존에 꼭 필요하다는 말이잖아요.

한국인의 평균수명은 81.2세이고, 여성의 수명은 84.5세로 늘어났어요. 조선시대 평균수명이 35세였으니 50년이나 수명이 늘어난 거지요. 다들 건강관리뿐만 아니라 외모도 관리를 잘하니까 여성들의 나이는 가늠할 수가 없을 정도예요. 예순이 넘은 여성들도 머리 염색을 하고 옷을 젊은이처럼 입으니까 더더욱 나이를 짐작하기 어려워요. 저보다 10살이나 많은 선배는 잘 가꾸니까 저보다 훨씬 더 젊어 보이거든요.

그러나 아무리 젊어 보인다 해도 여성들은 50세 정도 되면 폐경을 맞게 되지요. 폐경이 오면 여성들은 겉보기와는 다르게 여러 가지 신체적, 심리적인 변화를 겪습니다. 사람마다 다르기는 하지만 얼굴이 화끈거리고 온 몸에 열이 오르기도 하고, 관절마디가 쑤시기도 하지요. 무릎이 안 좋아져서 계단 오르기가 전 같지 않기도 하구요. 얼굴에 윤기가 사라지고 주름살이 생깁니다. 고혈압, 당뇨병이 오기도 하지요. 기억력도 예전 같지 않고 깜박깜박합니다. 이런 몸의 변화와 더불어 생식 기능이 사라진 것을 '내가 늙었다'는 표시로 읽게 되면 우울해집니다.

폐경을 자유로 받아들이면 마음도 몸도 한결 가벼워져요. 한 달에 한 번씩 찾아오던 불편한 손님을 맞지 않아도 되고, 생리통에 시달리지 않아도 되지요. 그래서 어떤 여성학자는 폐경이란 단어 대신 '완경'이란 단어를 제안하더군요. 폐경이란 단어를 쓰면 쓸모없는 잉여 인간이 된 듯한 기분이 든다는 것이지요. 자, 이제 자유로워진 완경 이후의 삶을 어떻게 의미 있게 보낼 수 있을까요?

인생 후반기를 의미 있게 사는 방법

할머니 가설이 할 일을 알려주네요. '자식이 부탁해서 어쩔 수 없이' 손주를 봐준다면 정말 지치고 힘든 일이 되겠지요. 그렇지만 할머니 육아를 적극적으로 선택한 과제로 생각한다면, 인생의 의미가 달라질 것 같아요. 수명도 늘어나 100세 시대라고 하는데, 그중 몇 년을 손주에게 투자하는 거예요. 손주에게 첫 3년을 투자하고 나면 남은 세월 동안 손주와 좋은 관계를 즐길 수 있겠지요.

손주를 돌보는 시간을 긍정적으로 만들 수도 있어요. 아이와 눈을 맞추고 말을 걸어주고, 동화책을 읽어주고, 동요를 부르고, 같이 뛰어놀면서 처져가던 몸과 마음이 활력을 찾을 수 있어요. 어린이집 교사가 된 기분으로 할머니 육아를 해보는 거지요. 우리 안에 잠자던 동심을 깨우는 거예요. 아이가 걷기 시작하면 함께 놀이터에 가서 이웃에 사는 젊은 엄마와 할머니를 사귈 수도 있고, 키즈카페도 가보고, 어린이를 위한 박물관에 가볼 수도 있어요. 아이 때문에 활동반경이 넓어지고 젊어질 수 있는 거지요. 아이의 물음에 답해주기 위해 공부를 할 수도 있고, 어린 손주에게 무얼 해주어야 하는지 알고 싶어 책을 읽으면서 뇌를 깨울 수도 있고요.

할머니 가설은 지금 우리 사회에서 할머니가 얼마나 중요한 역할을 할 수 있는지를 잘 설명해줍니다. 일하는 여성이 많아진 이 시대에 할머니가 양육을 도와주면 손주가 더 건강하게 자라고 출산율도 높아지겠지요. 할머니가 좋은 육아를 해준다는 보장이 있다면 출산을 꺼리던 젊은이들이 안심하고 아이를 낳으려고 할 거예요.

젊은이들이 아이 낳기를 두려워하는 또 다른 이유는 아이를 잘 기를 자신이 없어서라고들 해요. 조선시대 이덕무 선생은 '인심이 갈수록 나빠지고 세도가 갈수록 퇴폐해지는 것은 아이들을 올바로 가르치지 않은 데서 비롯된 것'이라고 말씀하셨는데, 요즈음의 우리 상황이 바로 그렇게 보여요. 우리나라의 자살률은 OECD 국가 중 1위라고 하죠. 청소년들이 쉽게 좌절하고 자살을 시도하는 것을 보면 참으로 마음이 아프지요. 게다가 학교폭력이니 왕따니 하는 소리를 들으면 저들이 성인이 되어서 어떻게 살아갈지 두려워요.

지금 태어난 아이들이 행복하게 자랄 수 없다면, 우리나라의 미래에 어떤 희망을 가질 수 있을까요? 출산만 장려하고, 잘 키우는 일을 등한시한다면 많은 문제가 숨어들겠지요. 어릴 때 좋은 환경에서 자라면 범죄에 빠질 위험이 낮아진다고 해요. 철학자 지젝은 우리가 이렇게 윤리적일 수 있는 것은 우리의 환경과 상황이 우리를 이렇게 만들었기 때문이라고 지적합니다. 태어날 때부터 우리가 잘나서 윤리적인 것이 아니라는 것이지요. 아주 어릴 때 엄마와 접촉하지 못하고 사랑받지 못한 아이들이 우울증을 보이고 감정이 메말라 간다고 하는 자료가 많이 있어요. 아기를 먹이고 입히는 것만으로는 아이가 온전히 자랄 수 없다는 것이지요.

사실상 우리나라가 이렇게 급격하게 발전한 배후에는 성실하고 유능한 인력이 있었기에 가능했습니다. 우리 세대와 우리 윗세대가 국가 발전에 큰 기여를 했다면, 그건 어려움 속에서도 사랑과 희생으로 자녀를 길러낸 우리 어머니, 할머니들의 보이지 않는 노고가 있었다고 생각합니다. 그런 노력도 없이 좋은 인력을 기대하고 나라가 발전하기만을 바랄 수는 없는 노릇이지요. 씨만 뿌려놓고 거름도 주지 않으면서 좋은 열매를 거둘 수는 없습니다.

이 시대 우리가 할 수 있는 가장 큰 일이 있다면, 손주에게 사랑이라는 거름을 듬뿍 주며 지원해주는 일이 아닐까요? 저출산 문제는 할머니 육아로 해결될 수 있을 겁니다. 할머니 육아에 대해 국가적인 차원에서 좀더 적극적인 지원이 있으면 좋겠습니다.

물론 할머니 육아를 반대하는 사람들이 있습니다. 여태 자식 키우느라 고생한 할머니들에게 손주까지 돌보라는 요구는 가혹하다는 거죠. 그 심정도 충분히 이해는 갑니다.

하지만 육아에 대한 인식을 바꿔보면 어떨까요. 무슨 일이든 어떻게 의미를 부여하느냐에 따라 태도가 180도 달라집니다. 아이 돌보기를 가치 없고 귀찮은 일로 여기는 인식은 얼마든지 바뀔 수 있습니다.

육아는 더 이상 가치 없고 지겨운 일이 아닙니다. 인생에서 가장 중요한 시기인 첫 3년을 살고 있는 손주를 돌봐주는 일은 세상 어떤 일보다 더 중요하고 가치 있는 일입니다. 국가적으로는 유능한 여성 인력을 잃지 않아서 좋고, 젊은 엄마들은 아이에 대한 염려 없이 마음 편하게 자기 일에 매진할 수 있습니다. 이처럼 중요한 육아의 의미를 생각한다면 '어쩔 수 없어서'가 아니라 '기쁘게' 할머니 육아에 나설 수 있겠지요.

할머니와 아이의 느린 시간표

나이 들어가면서 나에게 생긴 변화는 모든 것이 느려졌다는 거예요. 행동도 느리지만, 생각하는 속도도 느려졌습니다. 그래도 별로 불편하지 않은 것은 이제는 남과 경쟁하며 살지 않아도 되고, 시간적 여유가 많기 때문이지요. 늦게까지 책을 보다가 잠이 들어도 되고, 밥해 먹여 학교 보낼 아이들이 없으니 늦게 일어나도 그만입니다. 빠른 속도에 맞춰서 살 필요가 없으니까 여태 눈에 보이지 않던 것들이 보이기 시작합니다. 자연의 미세한 변화도 눈에 들어오고, 내 마음을 아프게 한 사람의 마음도 이해가 되고, 어려운 사람들의 처지도 헤아리게 됩니다. 늙음의 미학은 이런 건가 봐요.

아이의 시간 역시 느리게 흐르지요. 아기는 미성숙한 채로 태어나 천천히 하나하나 배워갑니다. 아무리 성미가 급한 아기라도 발달 과정을 하나하나 밟으며 성장합니다. 아이에게는 모든 가능성이 열려 있고, 무엇이든 신기해서 한참 동안 눈길을 줍니다. 걷기 시작한 아이와 함께 길을 걸어보세요. 아이는 수시로 걸음을 멈추고 눈에 들어오는 것은 무엇이든 오래 바라보고 탐색합니다. 그런 점에서 보면, 할머니의 자유롭고 느린 시간과 아이의 열려진 시간은 서로 궁합이 맞아요.

아이가 미성숙하게 태어나 천천히 발달하면서도 생존할 수 있는 것은 아이의 느린 발달을 사랑으로 받아주고 기다려주기 때문이지요. 다 큰 아들이 일도 하지 않고 먹고 자고 무위도식한다면 답답해서 밥도 차려주기 싫습니다. 그런데 아기는 먹고 자고 놀기만 해도 예쁘죠. 뭘 자꾸 해달라고 해도 기꺼이 들어줍니다. 까꿍놀이에 재미를 붙인 아이가 질리지도 않고 까꿍만 해대도 웃으면서 받아주지요. 의자에 앉아 손에 쥔 물건을 떨어트리고는 집어달라고 하기도 해요. 집어주면 다시 던지고 또 집어달라고 몇 번을 요구해도 들어주게 되지요.

아이에게 하나씩 변화가 생길 때마다 칭찬하고 박수쳐주고 환호하면서 아이의 발달을 지원합니다. 손주가 처음 걸음마를 시작했을 때, 우리는 작은 아파트가 떠나갈 듯 박수치며 소리를 질렀어요. 한일 월드컵 때 '대한민국'을 외치는 국민들의 응원 소리에 힘입어 우리 선수들이 잘 뛰었던 것처럼, 우리 손주도 박수 소리에 힘입어 신나게 걷기 연습을 하더니 금세 잘 걷게 되더군요.

아이가 입을 오물거리며 옹알이를 하다가 단어를 하나씩 말하기 시작할 때, 어른들은 아주 좋아합니다. '빠빠빠', '맘맘마' 소리를 낼 때 아빠와 엄마는 자기를 불렀다고 좋아하면서 아이 말을 따라합니다. 우리도 벽에 흰 종이를 붙여놓고 몇 월 며칠에 손주가 어떤 단어를 말하기 시작했는지를 적어놓고 좋아했어요. 이렇게 적으면서 새로운 단어가 나오기를 기다리니, 단어 하나 늘어나기가 얼마나 더딘지 알 수 있었지요.

바쁜 엄마, 아빠가 보지 못하는 것

어릴 때는 이렇게 조그만 변화와 발달에도 주의를 기울이던 어른들이 아이가 걷기 시작하면서 관심이 해이해집니다. 아이가 움직이면서 저지르는 사고에 점점 지쳐가지요. 아이는 쉬지 않고 조금씩 변화하지만, 어떤 변화는 눈치 채지도 못하고 지나칠 수 있어요. 특히 아이의 생각과 마음은 잘 알 수 없습니다. 바쁘고 힘들면 보이지도 않지요. 마음의 변화는 아이에게 초점을 맞추고 주의집중을 해야만 보입니다. 어른이 자기중심적으로만 생각할 때 아이의 마음속에 무슨 일이 일어나고 있는지 알 수 없지요.

아이가 자라면서 자아가 생기고 자기주장을 하는 것은 아주 귀한 변화인데도 벌써부터 말을 안 듣는다고 성가셔 하고 짜증내기도 합니다. 아이가 자기 생각을 조리 있게 말하지 못하고 울거나 화를 내는 것으로 표현하기 때문이지요. 그런 마음의 변화는 전체 상황을 아이 입장에서 느리게 바라보아야 이해가 됩니다.

젊은 엄마, 아빠는 빠르게 돌아가는 세상에 맞춰 사느라 빠른 생각에 젖어 삽니다. 그러다 보니 눈에 보이는 상투적인 생각을 하기 쉬워요. 노벨상을 받은 카네만(D. Kahneman)이라는 심리학자는 우리에게는 빠른 생각과 느린 생각이 있다고 지적합니다. 빠른 생각은 직관적이고 자동적이어요. 바쁠 때는 빠른 생각에 젖어 판단하게 됩니다. 빠른 생각으로는 아이가 무슨 생각을 하고 있는지, 왜 저런 행동을 하는지 깊이 생각할 겨를이 없습니다. 눈에 보이는 것이 전부라고 쉽게 생각하지요. 그러다 보면 아이의 마음을 읽고 다독여줄 수가 없습니다. 또 빠른 판단을 할 때는 자기가 가지고 있는 생각 틀을 바꾸기가 어려워요. 그래서 아이가 기대에 미치지 못할 때 답답해하고 자꾸 강요하게 되지요.

얼마 전 병원에 갔다가 대기실에서 스마트폰을 들여다보느라 아이에게 아무 관심도 없는 엄마를 보았습니다. 아이는 엄마에게 들러붙어 "엄마~~" 하며 몇 차례 부르다가 혼자 이것저것 만져보고 다니더군요. 그러다가 병원에 비치된 물건을 떨어뜨리기도 하고 손에 쥔 과자봉지를 바닥에 쏟기도 했어요. 아이에게는 눈길도 안 주고 스마트폰만 들여다보던 엄마는 아이가 물건을 떨어뜨리고 과자를 쏟을 때면 신경질적으로 야단을 치더군요. 아이는 서럽게 울고, 엄마는 우는 아이를 더 심하게 야단치는 모습을 보면서 가슴이 답답했어요. 젊은 엄마의 관심이 아이보다는 바삐 돌아가는 세상사에만 쏠려 있으니 그럴 만도 하지요.

바쁜 세상을 살면서 빠른 생각이 당연하다고 생각하기 쉽습니다. 그러나 빠른 생각으로는 남을 배려하기 힘들어요. 아이가 엄마를 돕겠다고 설치다가 엄마가 아끼는 그릇을 깼을 때 '그게 얼마짜린데!'라는 생각이 들면 꽥 소리를 지르면서 야단을 치게 되죠. 그럴 때 아이는 마음을 다치게 됩니다. 느린 생각으로 아이 입장에서 생각해보면, 그릇보다 아이가 더 중요하게 다가옵니다. 아이에게 손은 다치지 않았느냐고 묻고, 그릇을 어떻게 잡으면 떨어트리지 않는지를 가르쳐줄 수 있어요. 느린 생각은 바쁠 때나 자제력이 없을 때, 머릿속이 복잡할 때는 떠오르지 않지요. 천천히 아이에게 초점을 맞추고 이해하려고 할 때 가능한 것이지요. 그래서 느린 시간을 사는 할머니가 아이 마음을 더 잘 헤아릴 수 있는 것이지요.

느긋하게 놀아야 뇌가 발달한다

호기심 덩어리인 아이와 느린 시간을 사는 할머니는 자연과도 궁합이 잘 맞습니다. 밖에 나가면 아이 눈에는 천지에 신기한 것들이 가득하죠. 집 밖에만 나가면 아이는 볼 것이 많아요. 우리 손주는 아파트 현관을 나가면 쪼그리고 앉아서 조그만 개미들이 입에 무언가를 물고 개미집을 들어가고 나오는 걸 관찰하느라 시간 가는 줄 몰랐어요. 왜 아이들 눈에는 개미나 풍뎅이, 지렁이 같은 것들이 잘 보이는 걸까요? 봄에 올라오는 새싹을 신기해하며 고사리 손으로 만져보기도 하고, 초여름이면 각기 다른 모양과 색깔로 핀 꽃들을 손가락으로 가리키면서 오래오래 서 있기도 했어요. 비 온 뒤 생긴 물웅덩이를 보면 그냥 지나치지 못하고 발로 물을 휘저으며 한참을 철벅거리고서야 그곳을 떠났지요. 바람에 낙엽이 떨어져 굴러다니면 쫓아가기고 하고, 눈이 오면 눈사람을 만들고 눈을 치우겠다고 우기기도 했지요. 이렇게 자연을 가깝게 느끼면서 아이들은 감성이 깨어나고 더 풍부해집니다. 긴긴 하루를 바깥에서 보내고 집에 들어오면 아이는 곤하게 낮잠을 잘 수 있어서도 좋습니다.

어린 아이에겐 여유 있게 노는 놀이가 매우 중요합니다. 땅바닥에 떨어진 나무토막 하나도 훌륭한 장난감입니다. 나무토막이 아기라도 되는 양 안고 얼러주기도 하고, 땅을 파며 놀기도 하지요. 호기심 덩어리인 아이들은 끊임없이 상상하고 창의력을 발휘하며 놉니다. 놀이는 정신능력 발달에 중요할 뿐 아니라 심리적인 갈등이나 공포를 풀어가는 통로가 되어 주어요. 놀이는 문화보다 먼저 시작되었다고 하지요. 놀이를 통해 창의력과 사회성이 길러지고,

규칙을 배웁니다. 놀이는 뇌에 반짝반짝 불을 켜준다고 하지요. 놀이를 하면 뇌가 자극을 받아 관련된 기억을 돕는다고 해요.

우리 사회는 놀이보다는 일을 강조하지요. 그러나 사람들과 잘 어울리고, 호기심을 가지고 세상을 탐험하며 인생을 잘살기 위해서는 놀이도 중요합니다. 미국의 정신과 의사 스튜어트 브라운은 살인범들을 연구하다가 그들에게 놀이가 심각하게 부족했다는 것을 발견했답니다. 그들은 공통적으로 지나치게 생산적인 일만 강조하는 부모에게서 성장했다고 해요.

그는 동물실험을 통해 놀이가 공포 극복과 탐색에 영향을 미친다는 것도 발견했어요. 쥐를 두 집단으로 나누어서 한 집단은 놀게 하고, 다른 집단은 전혀 놀지 못하게 했어요. 그러고 나서 고양이 냄새가 나는 족쇄를 발에 채웠답니다. 처음에는 모든 쥐가 고양이가 있는 줄 알고 본능적으로 쥐구멍에 숨었지요. 얼마 뒤 놀이를 한 쥐들은 쥐구멍 밖으로 나와 탐색을 하며 놀았지만 놀지 못한 쥐들은 옴짝달싹못하고 공포에 떨다가 그 자리에서 죽었답니다. 어린 시기에 노는 것이 얼마나 중요한지를 보여주네요.

육아는 인터넷 정보가 아니라 몸으로 하는 것

빠른 시간을 살면서는 아이의 느리고 여유 있는 행동을 이해하고 기다려주기가 어려워요. 길을 가다가 한참 동안 나무를 쳐다보고 개미를 들여다보는 아이에게 바쁜데 뭐하냐고 다그치게 되죠. 일상에서 그리고 자연을 보면서 저절로 배울 수 있는 것들을 억지로 빨리 배우게 하려고 돈 들여 사교육을 시작하기도 하구요.

빠른 생각에만 맞춰 살다보면 아이의 느린 발달을 기다리기 어렵습니다. 아이가 아직 걷지 못한다고, 말이 느리다고, 빠릿빠릿하지 못하다고, 왜 이렇게 늦되느냐고 답답해하게 되지요.

우리가 지나온 젊은 날을 기억해보면, 그 나이엔 빠른 생각에 젖어 살 수밖에 없는 것 같아요. 피는 뜨겁고, 생각은 많고, 할 일도 많은데, 느릿느릿하다가는 뒤처진다고 생각하는 거지요. 젊은이들은 '바쁜 사람 = 중요한 사람' 이라는 등식을 머릿속에 집어넣고는 자신이 중요한 사람임을 입증이라도 하려는 듯이 바쁘게 사는 것 같아요. 제가 두 딸을 낳고 그랬던 것처럼, 젊은이들은 쳇바퀴 돌 듯 반복되는 살림과 육아가 답답하게 느껴질 수 있지요.

정작 젊은이들의 바쁜 삶을 들여다보면, 할머니가 된 우리가 보기에는 하지 않아도 되는 일로 가득 차 있어요. 인터넷을 뒤져가며 어디서 무슨 일이 일어나고 있는지, 좋은 물건을 어디서 싸게 파는지를 알아내느라 많은 시간을 훌쩍 흘려보내더군요. 페이스북에 댓글을 달거나 '좋아요'를 누르고, 카톡이나 밴드에 수시로 답하는 일에 매달려 있잖아요. 왜 그런 일에 귀한 시간을 쏟아야 하는지

때론 이해가 안 갑니다. 그럴 시간 있으면 아이한테 좀 더 신경 쓰라고 잔소리하고 싶어요. 그런데 이런 생각 자체가 젊은이와 우리 세대의 차이겠지요. 그들에게는 많은 정보를 얻고 나누는 일이 무엇보다 중요하니까요. 직업에 대한 정보도 육아에 대한 노하우도 살림에 대한 지혜도 모두 인터넷에서 얻고 있으니까요.

그러나 아무리 인터넷 시대라고 해도 아기를 컴퓨터나 기계의 손으로 키울 수는 없습니다. 아기는 인조인간이 아니니까요. 아무리 스마트폰을 통해 육아에 대한 정보를 많이 얻어도 실제로 아이를 안아주고 반응해주지 않으면 쓸모없는 정보가 되어 버립니다. 세상이 아무리 빠른 속도로 굴러가도 아기에게 베푸는 사랑은 실세계에서 천천히 몸으로 표현해주어야 하는 것입니다.

그렇다면 느리게 흐르는 첫 3년의 육아는 느린 시간으로 사랑을 줄 수 있는 할머니가 더 제격이라는 생각이 드네요.

엄마의 보상심리와
할머니의 조건 없는 사랑

딸들을 낳았을 때, 10개월 동안 나와 한 몸이던 아이가 내 몸에서 떨어져 나와 다른 사람이 되었다는 게 참 허전하고 이상하게 느껴졌던 기억이 납니다. 그러면서 아이가 내 분신이라는 생각이 자연스럽게 들었어요. 아마도 저뿐만 아니라 세상 모든 엄마들이 그런 경험을 하고 자식을 키우기 시작하겠지요. 그 생각은 아이에게 정성을 쏟으면 쏟을수록 없어지기는커녕 더 커지는 것 같습니다. 마음과 시간과 돈과 에너지를 쏟으면서 아이를 키우다 보면 자기도 모르게 자신의 못다 이룬 꿈을 아이가 대신 이루어주었으면 하고 바라게 되지요.

TV 드라마를 보면 지극정성으로 키워 놓은 아들, 딸이 부모 마음에 안 드는 사람을 데리고 와서 결혼하겠다고 하고, 어머니가 반대하는 내용이 심심찮게 등장합니다. 빤한 스토리인 줄 알면서도 사람들은 왜 이런 드라마를 질리지도 않고 계속 볼까요? 아마도 감정이입이 잘 되어서이겠지요. 젊었을 때는 아들, 딸의 입장이 되어 반대하는 어머니가 너무 심하다고 생각하며 드라마를 보았던 것 같아요. 그런데 나이가 들어 내 아들, 딸이 장성하면 입장이 바뀌게 되죠. "내가 너를 어떻게 키웠는데, 네가 나한테 이럴 수 있어?"라는 상투적인 어머니의 대사가 너무나 잘 이해되는 거지요. 바로 내가 하고 싶은 말을 대변해 주는 것 같습니다. 결혼할 나이까지도 여전히 자식을 자신의 분신이라고 생각하면, 그런 식의 반대는 너무나 당연하지요.

그렇지만 부모-자식 간의 싸움에서 결국 누가 이길까요? 드라마에서도 그렇지만 현실에서도 이기는 쪽은 자식입니다. 부모는 자식에게 투자를 많이 했기 때문에 부모-자식의 인연을 끊으면 과거에 쏟았던 노력이 물거품이 되고 모든 것을 잃게 되지만, 자식은 부모에게 투자한 것이 없기 때문에 잃을 게 없지요. 어머니는 자식을 분신이라고 생각하면서 살지만, 자식은 어머니를 자신의 원형이라고 생각하면서 살지 않아요. 부모가 "내가 널 어떻게 키웠는데"라고 말하면, "누가 그렇게 키워 달랬어요?"라고 대답하지요. 그래서 효도는 지켜야 할 덕목이라고 가르치게 되고, "네 부모를 공경하라"는 윤리 명령이 되었습니다. 반면 자식 사랑은 저절로 솟아나니 "네 자식을 사랑하라"라고 명령할 필요도 없는 것이지요.

교육열 높은 매니저 엄마가 빠지기 쉬운 함정

현실을 보면 엄마들은 여전히 목숨 걸고 아이들을 키웁니다. 자식의 능력을 먼저 고려하기보다는 엄마의 꿈을 강요합니다. 아기를 낳자마자 교육전선에 뛰어든 엄마들은 유모차를 끌고 백화점 문화센터를 드나듭니다. 영재교육은 영재가 받는 거라고 알고 있었는데, 영재를 만들기 위해 교육을 시킨다고 하네요. 그런 엄마들을 부추기는 '재능체감법칙'이라는 말도 있더군요. 0세부터 교육을 시작할수록 재능이 크게 개발되지만 늦게 교육을 시작하면 재능이 개발될 가능성이 낮아진다나요? 재능은 찾아내는 게 아니라 개발하는 거라고 광고하더군요. 재능 개발을 위해 돌도 안 된 아기들이 40분 동안이나 한자리에 앉아서 공부를 한다고 합니다. 엄마들은 처음에는 힘들어도 한 달만 지나면 아기들이 적응해서 공부하는 걸 좋아한다고 열심을 냅니다. 참 대단한 교육열이지요.

우리 딸도 손주가 두 돌쯤 되었을 때 수영 강습반에 등록을 했어요. 아직 기저귀도 안 뗀 아기들이 방수 기저귀를 차고 수영복을 입고 수영을 배웠지요. 낯가림을 하고 말귀도 못 알아듣는 아기들이 물과 선생님이 무서워 울고불고하는 바람에 수영장은 아기들 울음소리로 가득했어요. 다행히 우리 손자는 물을 좋아하고 선생님도 좋아해서 수영장 가는 것을 즐겼어요. 그런데 다섯 살쯤 되자 수영을 거부하기 시작했어요. 수영이 힘들어서 하기 싫다고 말이지요. 더 나이가 들어 아이가 하고 싶어 하는 시기에 수영을 배우기 시작했다면 어땠을까요. 괜히 너무 이른 나이에 시작해서 흥미를 잃어버린 것은 아닌가 하는 생각이 들어요. 이른 나이에 재능을 개발해주는 게 좋다는 '재능체감법칙'이라는 것을 너무 맹신하지 마셔요.

요즈음은 이른 나이부터 좋은 학원을 찾아 뺑뺑이 돌리는 것이 교육을 잘 시키는 것이라고 생각하는 엄마들이 많네요. 어떤 엄마는 아이가 태어나자마자 논술학원에 대기신청을 해놓았다고 하더군요. 너무 좋은 학원이라 신청해 놓지 않으면 유치원 때부터 다닐 수가 없다고요. 마음이 조급한 엄마들은 갓 태어난 아기를 위해 목표를 정해 놓고, 아주 어린 나이부터 체계적으로 가르칩니다. 백화점 문화센터에는 6개월도 안 된 아기를 위한 프로그램이 많이 있더군요. 뮤직 가튼, 글레도만, 문센, 유리드믹스 등등이 아기들을 기다리고 있어요. 할머니들에게는 생소한 이름이죠.

이런 프로그램은 대개 '창의력 향상'과 '뇌 발달'에 도움이 된다고 광고하는데, 액면 그대로 다 믿지는 마세요. 창의력이란 정해진 틀 안에서 놀 때보다 정해진 규칙 없이 탐색하고 상상력을 발휘하면서 생기지요. 매뉴얼을 보고 조립해야 하는 비싼 장난감이나 규칙에 의해 진행되는 교육 프로그램은 아이의 상상력을 키워주기보다는 효율적으로 규칙을 따르게 만듭니다. 자유롭고 초월적인 창의력을 길러주기보다는 잘 기능하는 고급 소비자로 만들 뿐이지요. 그보다는 주변에 널려 있는 일상용품을 가지고 놀면서 창의력이 더 발달할 수 있어요. 장난감 없이도 돌멩이로 공기놀이를 하고, 종이를 오려 인형놀이를 했던 우리의 어린 시절이 생각납니다. 요즈음 아이들도 싱크대 속에 있는 냄비나 국자, 바가지를 좋아해요. 집 안이 어질러진다고 야단치지 말고 안전하기만 하다면 마음껏 갖고 놀고 해주세요. 그것이 바로 창의성을 기르는 가장 좋은 방법입니다.

　엄마들이 목표를 세워놓고 아이들 매니저 역할을 하면서 아이들은 너무 일찍부터 자유를 잃어버리는 것 같아요. 아기 때부터 무언가를 배우러 다니니 쉽게 다른 아이들과 비교 당하게 되죠. 잘하는 아이는 더 잘하라고, 못하는 아이는 못하기 때문에 닦달을 당합니다. 운동도 엄마가 구성해준 팀에 들어가서 합니다. 친구도 자유롭게 사귈 시간이 없지요. 엄마가 정해주는 학원이나 운동 팀의 친구와 놀게 됩니다. 엄마가 아이를 통해 자기 꿈을 이루려는 마음을 포기하지 않으면 아이는 엄마의 대리인생을 살아야 합니다. 엄마의 자기중심성은 아이를 자기 생각이 있는 개성 있는 존재로 자라지 못하게 만들지요.

　아주 어린 아기도 자기가 엄마가 아니라는 사실은 알아요. 18개월만 되어도 거울 속의 얼굴이 자기 얼굴이라는 것을 알지요. 자아감은 혼자서 만들어지지는 않습니다. 남들과 자기를 비교하면서, 그리고 남이 자기를 어떻게 생각하는지를 보면서 만들어갑니다. 특히 아이는 부모가 어떻게 자기를 보는지에 따라 자아감을 구성하지요. 부모가 아이를 다그치고 지나치게 관여하면, 아이는 순종하면서 거짓자아를 발달시키게 됩니다. 엄마 말을 따르면서 그것이 자기 생각이라고 믿으며, 엄마의 인정을 받기 위해 엄마가 원하는 대로 행동하지요. 엄마가 정해준 목표와 스케줄에 따라 움직이면서 아이는 자기가 누구인지, 꿈이 무엇인지 스스로 찾아갈 수 없어요. 본인의 생각과 목소리를 잃어버리는 거지요.

모성이란 아이를 조건 없이 사랑하고 돌보는 것인데, 엄마가 아이의 개성보다 엄마가 원하는 목표만 강조하게 되면 아이에 대한 사랑은 조건적으로 되기 쉽습니다. 아이를 사랑할 이유가 있어야 사랑을 표현하는 것이지요. 글씨를 아니까, 구구단을 외웠으니까, 엄마 말을 잘 들으니까 뽀뽀를 해주고 사랑해준다면, 아이는 엄마 눈치를 살피게 됩니다.

아이의 일거수일투족을 관리하는 헬리콥터 맘, 리모콘 맘, 매니저 맘이란 말이 있지요. 이런 관리가 언제까지 가능할까요? 대학까지는 들어갈 수 있다고 해도, 부모가 원하는 대로 결혼은 시킨다고 해도, 직장생활과 결혼생활을 제대로 할 수 있을까요? 영원히 크지 않는 피터 팬만 양산하는 건 아닌가요? 아이를 자기 분신이라고 생각하고 자기가 못 이룬 꿈을 이루어주기를 바라는 보상심리는 아이에게 독이 될 수도 있습니다.

자식 내 마음대로 안 된다는 것을 알기에

할머니는 조금 더 쿨하게 아이를 바라볼 수 있습니다. 이미 자식이 내 마음대로 안 된다는 것을 배웠고, 자식 이기는 부모 없다는 것도 터득했죠. 때문에 아이에게는 아이의 인생이 있다는 것을 인정하기 쉽습니다. 어린 나이에 아무리 비싼 학원을 다녀도 제가 하기 싫으면 아무 소용없다는 것도 이미 알고 있지요. 아이가 무엇을 좋아하는지, 어떤 것에 재능이 있는지 알아내는 게 더 중요하다는 것도 알고요. 긴긴 인생을 살다보면 공부가 전부가 아니라는 것, 모든 사람에게 똑같이 공부 잘하고 성공하라고 강요할 수 없다는 것, 다른 사람들과 어울리면서 사람답게 사는 것이 중요하다는 것도 압니다. 자기 손주가 물불 안 가리고 남을 딛고 올라서기를 바라지도 않습니다. 손주에게 바라는 게 있다면 인생을 행복하게 사는 것이지요.

우리 손주들이 살아갈 시대는 어떤 시대일까요? 빌 게이츠나 스티브 잡스가 그랬던 것처럼 멋진 아이디어를 내놓는 천재가 나타나 또 다른 새 시대가 열릴까요? 아니면 환경오염이 심해져 영화 〈인터스텔라〉에서처럼 지구를 떠나 다른 행성을 찾아 나서게 될까요? 모든 정보를 인터넷이나 스마트폰에서 쉽게 찾을 수 있고, 기계가 많은 걸 해결해주기 때문에 기억력이 좋거나 공부를 잘하는 게 중요하지 않은 세상이 오는 건 아닐까요?

우리는 미래가 어떻게 열릴지 아직 모릅니다. 그렇지만 우리 손주가 어떤 세계에 살던 틀에 박힌 생각이 도움이 되지 않을 것은 분명합니다. 그렇다면 자기 분신이라는 생각이나 보상심리를 갖지 않고 아이를 바라보고, 조바심내지 않는 할머니의 지혜가 더 귀해 보입니다.

멀리 보면 느긋하게 기다려줄 수 있다

아이를 사람답게 키운다는 것은 무엇일까요? 단순히 먹여주고 입히고 재우는 것만으로는 사람답게 키울 수 없습니다. 아이가 인생을 잘 살아갈 수 있도록 여러 능력을 갖추고, 자기가 원하는 삶을 살 수 있는 힘을 길러주어야 합니다.

목적지에 갈 때 전체 지도를 봐야 방향을 잡고 갈 수 있습니다. 내비게이션에만 의지해 운전을 하다 보면 불안하고 답답할 때가 있지요. 미리 큰 지도를 보고 목적지로 가는 길을 머릿속에 그리고 있으면 아무리 길이 막혀도, 모르는 길이 나와도 불안하지 않아요.

육아도 마찬가지라고 생각합니다. 워킹맘은 출발부터 아이에게 힘든 길을 가게 하는 것 같아 많이 힘들고 미안할 거예요. 엄마를 일터에 빼앗기고 힘들어하는 아이를 볼 때마다 그냥 집에 눌러앉아 아이 키우는 일에만 전념할까 하는 생각이 수시로 올라오죠. 그렇지만 큰 틀에서 보면 엄마가 열심히 일하며 사는 모습을 보면서 아이는 긍정적인 영향을 받을 수 있어요. 할머니가 육아를 도와 준다면 아이는 엄마의 지나친 간섭을 받지 않으면서 자율성을 기르고, 시야가 넓어지고 길어질 수 있습니다.

물론 하루 종일 엄마, 아빠와 떨어져 지내는 일은 아이에게 힘든 일이지요. 눈앞에 보이지 않으면 사라졌다고 생각하는 시기라서 아이들은 아빠, 엄마가 집을 나서면 없어졌다고 생각하고 많이 울 수도 있어요. 그렇지만 할머니의 사랑으로 안정을 찾고, 저녁마다 일정한 시간에 들어오는 아빠와 엄마를 반복해서 경험하면서 아이들은 기다림을 배울 수 있습니다. 할머니와 지내는 시간 동안 아이가 힘들어 하면 할머니는 이렇게 말해주겠지요.

"엄마, 아빠는 지금 회사에 나가서 중요한 일을 하고 있어. 엄마도 네가 많이 보고 싶지만 참으면서 일한단다."

우리 손주도 아빠, 엄마가 퇴근이 늦어 밤인데도 할머니하고만 지내야 하거나 어린이집 축제날 다른 부모들은 모두 오는데 자기 아빠, 엄마가 오지 않으면 많이 침울해 했어요. 그럴 때마다 저는 아빠, 엄마가 지금 중요한 일을 하느라 몹시 바쁘다고 말해주곤 했지요.

아이는 두 살만 되어도 상상력이 발달합니다. 그래서 인형이 아기인 양 업고 재우기도 하고, 엄마 놀이도 하지요. 베개 위에 올라타서는 운전기사가 된 것처럼 부릉부릉 운전하는 시늉도 하지요.

그러니 이 나이만 되면 아이는 아빠, 엄마가 회사에서 자기가 모르는 어떤 일을 하고 있다는 것을 상상할 수 있습니다. 아빠, 엄마가 일하는 회사를 구경이라도 하고 오면 더 쉽게 상상할 수 있지요.

할머니가 아빠, 엄마가 중요한 일을 한다는 이야기를 반복해서 들려주면, 아이는 늘 지지고 볶으면서 함께 지내는 엄마보다 눈에 보이지 않는 곳에서 일하는 엄마를 더 멋지게 생각할 거예요. 워킹맘을 둔 딸들이 나중에 엄마처럼 워킹맘이 되는 경우가 많은 이유겠지요. 아이들은 눈에 안 보이는 세계 속의 엄마를 그리면서 눈에 보이는 세상만 있는 것이 아니라 더 넓은 세상이 존재한다는 것을 자연스럽게 이해하게 됩니다.

세계를 주름잡는 유태인 교육의 비밀

유태인들이 지적으로 우수한 이유는 어릴 때부터 《탈무드》나 '토라'(구약성서의 첫 5편으로 유대교에서 가장 중요한 문서)를 읽어주고 단순 학습기술보다는 생각하는 훈련을 시켰기 때문이라고 합니다. 우리는 아이의 발달 단계에 따라서 쉬운 동화책부터 시작해 점점 어려운 책을 읽어주는데, 유태인들은 어렸을 때부터 토라를 읽어주면서 자기들 역사를 가르치고 유태인 삶의 전체 지도를 보여줍니다. 토라를 통해 아이들은 유태인으로서의 자긍심을 배우고,

눈에 보이지 않는 신에 대한 추상적인 믿음도 쌓아가지요. 그리고 유태인들은 아이들에게 지혜의 보고인《탈무드》를 읽어주면서 지혜를 가르칩니다. 가능성의 세계를 상상하고 지혜를 깨우치도록 하면서 사고의 폭을 넓혀주는 것이지요.

　탈무드에 나오는 이야기를 한 편 볼까요.

"두 사람의 여행자가 있었다. 둘은 제대로 끼니를 먹지 못하여 몹시 지친 상태로 길을 가다가 마침내 집 하나를 발견하였다. 둘은 누가 먼저랄 것도 없이 동시에 안으로 들어갔다. 안에는 아무도 없었고, 또 아무것도 없었다. 실망한 두 사람은 한숨을 쉬며 천장을 바라보았는데 과일이 가득 들어있는 바구니가 걸려 있었다. 그러나 아무리 손을 뻗쳐도 높이 매달린 바구니에는 닿지 않았다. 마침내 한 사람은 화를 내며 집을 뛰쳐나가고 말았다. 그러나 다른 한 사람은 몸을 움직이지 못할 만큼 지치고 배도 고팠지만 생각에 열중했다. '그래! 저렇게 높은 곳에 걸려 있다면 분명히 누군가가 매달아 놓았기 때문이야'라고 생각하고 집 안팎을 뒤지기 시작했다. 마침내 사다리를 찾아 맛있는 과일을 꺼내어 먹었다."

　유태인들은 탈무드 이야기를 읽어주며 눈에 보이는 것이 전부가 아니라는 사실을 가르칩니다. 불가능해 보이는 것도 전체를 통찰하면 지혜를 짜내 해결할 수 있지만, 조급해 하면서 눈앞의 현실에만 묶이면 포기해버리기 쉽다는 것이지요. 이런 이야기를 읽어주면서 아이들에게 질문하고 대화하면, 아이들은 생각이 깊어지고 논리를 다지게 되지요. 어릴 때 기른 생각의 힘은 성인이 되어 꽃을 피웁니다. 유태인들은 전 세계 인구 중 0.2%에 불과하지만 노벨상 수상자의 22%를 차지합니다. 미국 명문 대학의 학생과 교수 중 30%, 미국의 유명 로펌 변호사의 40%가 유태인이라고 하네요.

일찍 글자를 깨친다고 뭐가 좋을까

양육자는 아이의 장래를 위해 아이가 원하는 것을 차단하기도 하고 무시하기도 해야 합니다. 무엇이 지금 상황에서 아이에게 가장 필요한지를 끊임없이 생각하고 판단해야 하지요. 아이의 현재 욕망을 만족시켜 주는 것이 미래에 어떤 결과를 초래하게 될지도 예측해야 합니다. 한꺼번에 너무 많이 먹으려고 하면 말려야 하고, 밥은 먹지 않으면서 아이스크림이나 단것만 달라고 할 때 주지 않아야 합니다. 시도 때도 없이 TV를 보려고 하는 것도 차단해야 하고, 디지털 게임을 하고 싶어 할 때 다른 놀이를 하자고 주의를 바꿔 주어야 합니다. 우리 손주는 네 살이 넘으면서부터 태블릿 PC를 가지는 게 소원이에요. 남들이 하는 게임을 어깨너머로 부러운 듯이 바라보다가 어느 날 저에게 태블릿 PC를 사줄 수 있느냐고 살그머니 묻더군요. 물론 그걸 사주면 손주가 무지무지 좋아했겠지요. 그러나 아이의 장래를 생각하면 그 요구를 들어줄 수는 없었어요.

두 살이 넘어가면 한글을 가르치고 영어 알파벳을 가르치면서 공부의 틀을 잡으려는 엄마들을 많이 봅니다. 그러나 앞으로 긴 인생을 살아야 할 아이가 어린 나이에 배워야 할 것은 글자를 깨우치는 게 아닙니다. 그보다는 생각하는 힘, 이웃을 배려하는 마음, 열린 마음을 배워야 하지요. 아이들이 살아갈 앞으로의 세상은 지금까지 우리가 살아왔던 세상과는 많이 다를 텐데, 그 세상을 살아갈 지혜는 글자를 배우고 주입식 교육으로 길러지는 것이 아닙니다. 아이들은 호기심 덩어리라서 무엇을 봐도 "이거 뭐야?" "왜요?"라고 질문하죠. 그런 아이에게 외우는 능력을 가르치기보다는 세상에 대한 호기심을 갖게 해주는 것이 필요합니다. 할머니가 아이 질문에 꾸준히 대답해주면서 대화를 이어가고 호기심을 키워주면서 더 큰 세계를 보게 해줄 수 있지요.

할머니들은 저마다 살아있는 역사를 담고 있습니다. 우리 손주는 숫자를 알게 되면서 "할머니는 몇 살이에요?"라는 질문을 하고 또 했어요. 자기 나이와 비교해서 너무 차이가 많이 나는 할머니 나이를 신기하게 여기며 자연스럽게 빼기를 배웠지요. 그러면서 아이는 긴긴 세월을 산다는 게 인생이라는 것을 배우는 것 같았어요. 오래 산다는 것이 옛날이야기 책에만 나오는 이야기가 아니라 함께 지내는 할머니의 현재니까, 자기도 긴 세월을 살 것이라는 걸

이해하게 되었지요.

"할머니의 엄마는 누구예요?"

"할머니의 아빠는 무슨 일을 했어요?"

"할머니한테도 할머니가 있었어요?"

"할머니는 아파트에 언제부터 살았어요? 아파트는 언제부터 생겼어요?"

"할머니는 우리 엄마를 언제 낳았어요?"

"할머니는 왜 한국에서 살아요?"

손주는 꼬리에 꼬리를 물고 많은 질문을 했지요. 그러면서 조상의 계보를 짐작해보고, 역사를 배워가는 것이겠지요. 이런 질문에 대한 궁금증이 풀리면서 아이는 자연스럽게 지금 살고 있는 세계 너머를 볼 수 있는 힘이 생기게 됩니다.

할머니에게 배우는 거시적 안목

요즈음 태어난 아이들은 경제적으로 풍요로운 환경에서 태어나 최고 대접을 받으면서 자라니까 어려운 사람들의 삶을 이해하지 못합니다. 저희 조카 손주는 손수레에 폐지를 가득 싣고 힘들게 밀고 가는 할머니를 보면서 "짐을 자동차에 싣고 가지 왜 저렇게 힘들게 끌고 가요?"라고 물었다고 해요. 그럴 때 할머니들은 우리가 살아온 힘들었던 시절을 이야기해 주고, 역사 이야기, 전쟁 이야기도 해줄 수 있지요. 그런 이야기를 들으면서 아이들은 다양한 사람들을 어떻게 대해야 하는지를 자연스럽게 배우게 됩니다. 지금은 우리나라도 다문화 민족이 어울려 살게 되었는데, 고정관념 없이 넓은 생각을 갖게 만들어주는 것이 필요합니다.

미래학자 다니엘 핑크는 앞으로의 세계는 창의성과 감성, 거시적 안목이 중요한 개념이 될 거라고 이야기합니다. 할머니가 들려주는 엄마의 직장생활, 할머니의 인생 이야기, 할머니의 할머니 이야기, 우리나라 역사 이야기를 들으면서 아이는 눈앞에 보이는 세계가 전부가 아니라는 것을 배우게 됩니다. 창의성과 감성, 거시석 안목을 자연스럽게 배울 수 있는 것이죠.

이미 아이를 키워본 경험이 있는 할머니들은 손주의 행동 하나하나에 희비가 엇갈리지 않고, 자라나는 과정에 더 큰 의미를 둘 수 있지요. 게다가 최근의 연구는 노인이 감정 호르몬의 영향을 덜 받아 종합적 판단력이 젊은 층보다 한층 높다고 밝히고 있어요.

아이는 할머니와 함께 시간을 보내면서 더 크게 보고 종합적으로 보는 눈을 가지게 될 거예요. 자기가 앞으로 살아갈 세계가 지금과 많이 달라질 것이라는 것도 배우게 될 거예요. 그러다가 조금 더 크면 자기 인생의 전체 지도를 그려보고, 수정을 반복하면서 성장하겠지요. 아이의 상상력은 무한하니까요.

PART 3

아이도 할머니도 엄마도 행복한 육아

할머니 육아를 시작하기 전에 점검해야 할 것

내 몸과 마음 돌보기

아이의 행복을 좌우하는 9가지 양육 방식

야단치지 않고 좋은 습관 들이는 비결

도덕성은 반드시 갖춰야 하는 능력이다

할머니 육아를 시작하기 전에
점검해야 할 것

아기가 태어나면 기쁘고 반갑지만, 맞벌이 부부는 아기를 어디에 맡겨야 할지 고민이 크지요. 이럴 때 할머니가 아이를 봐준다고 하면 안심이 됩니다. 할머니가 아직 건강하고 육아에 적극적인 관심을 가지고 있으면 아이 엄마로선 참 고마운 일이지요. 그렇지만 막상 할머니에게 맡기려고 하면 생각이 많아집니다.

육아를 둘러싼 득실 계산

인간은 누구나 어떤 결정을 내릴 때 무의식으로 득실(得失)을 계산하게 되어요. 아닌 척해도 의식 밑에서는 나도 모르게 계산하고 있지요. 아이의 엄마와 아빠는 아이를 할머니에게 맡기는 것이 어떤 이익이 될지를 따져봅니다. 어린이집에 맡기는 경우, 아침마다 아이를 데려다주고 퇴근해서 데려오고 하는 일도 버겁지만, 어린이집에서 아이를 어떻게 대할지도 알 수 없기 때문에 두렵습니다. 반면 할머니가 아이를 봐준다면 아침 시간에 전쟁을 치르지 않아도 되고, 아이에 대한 끔찍한 사랑은 보장되니까 그 부분은 안심이 되지요.

할머니와의 관계 때문에 주저하는 젊은 엄마들도 있습니다. 할머니와 사이가 좋지 않은 아이 엄마는 선뜻 육아를 부탁하기 어렵습니다. 할머니가 아이를 보면서 혹시 유세 떠는 게 아닐까 두려워지니까요. 육아법이 미덥지 않아 못 맡기는 경우도 있지요. 아이가 할머니 성격을 닮을까봐 염려하는 엄마도 있어요. 집안에 문제를 일으키는 형제라두 있는 경우에는 자기 아이도 제대로 못 길러놓고 내 아이를 어떻게 잘 키우겠냐는 의심의 눈초리로 할머니 가슴에 주홍글씨를 매답니다. 특히 친할머니가 봐주는 경우 육아법이 싫어도 말하기 어려워 고부간의 관계가 나빠질 수도 있으니까 주저하게 됩니다.

그런 계산은 아이 부모만 하는 것이 아니지요. 할머니도 아이를 봐주어야 할지를 심각하게 따져봅니다. 과거와 달리 신세대 할머니들은 자유의지가 강하니까요. 아이 보는 동안 아무것도 못하고 아이에게 묶여 지내야 하는데, 그래도 괜찮은지 계산합니다. '자유로운 시간'과 '손주 육아'를 저울질해 봅니다. 그동안 힘든 시간을 보낸 뒤에 찾은 자유로운 시간은 그 무엇으로도 바꾸기 어려울 정도로 소중한 것이니까요.

그러나 자기 인생보다는 손주가 잘 자라는 것이 더 중요하다고 저울추가 확실하게 이동하면 쉽게 결정할 수 있어요. 할머니가 희생하는 것에 보람을 느낄 만큼 아이 엄마의 직장이 탄탄하고 인정받는 곳이면 어렵지 않게 결정할 수 있습니다.

그렇지 않은 경우 할머니 노릇을 해줘야 할지 말지 더 따져보게 됩니다. '그깟 돈 얼마나 번다고, 집에서 애나 키우지'라는 말이 쉽게 나올 수 있습니다. 손주 한 명을 봐주니 다른 자녀가 또 아이를 맡기겠다고 하면 손주를 줄줄이 봐주어야 하는 건 아닌가 두렵습니다. 그러다 보면 10년은 훌쩍 지나가 버리겠지요.

딸이나 며느리와 관계가 좋았다면 기쁘게 할머니 노릇을 맡아 해주겠지만, 평소에 이기적이고 싹싹하지도 않은 며느리나 딸을 위해서는 손주 봐주고 싶은 마음이 애초에 들지 않을 수도 있습니다. 잘못하다가는 힘들게 아이 봐주고 욕이나 먹겠다는 생각이 드니까요. 게다가 아이 보다가 혹시 아프거나 잘못되면 어떻게 하나 염려도 됩니다.

아이 부모와의 관계

할머니 육아를 시작하려면 우선 할머니와 아이 엄마의 관계가 안정적이어야 합니다. 대화가 안 되는 상태에서는 서로가 서로를 믿지 못하고 어려워지지요. 평소에 좋은 관계를 유지하는 게 할머니 육아에서 가장 기본이 됩니다. 그러려면 어른인 할머니가 며느리나 딸에 대해 마음을 열고 이해할 자세가 되어 있어야겠지요. 자녀의 직업이 소중하다는 것을 인정하고, 신세대의 삶의 방식을 존중해주어야 합니다. 딸이나 며느리의 모든 것이 마음에 드는 것은 아니지만, 세대가 다르고 생각이 다르다는 것을 인정해야지요.

워킹맘에게 슈퍼우먼이 되기를 바라서는 안 됩니다. 할머니가 슈퍼우먼이 아닌 것과 마찬가지지요. 직장에서 일 잘하고, 집안일 알뜰하게 하고, 아이 잘 키울 수 있는 그런 여성은 없어요. 워킹맘이 직장에서 일을 잘하려면 집안일은 완벽하게 처리할 수 없다고 생각하는 게 마음 편해요. 아이 아빠와 집안일도 나누어 하고, 육아도 함께하도록 지지해주어야 합니다.

워킹맘의 옷과 머리 스타일에 대해 '옷이 그게 뭐냐, 애 엄마가'라는 소리가 입 밖으로 자기도 모르게 새어나올 수 있습니다. 특히 딸은 잘 이해하면서도 며느리는 이해하기 힘들 수 있어요. 자기가 살아온 삶을 기준으로 비교하기 때문인지도 모르겠어요. 손주 돌봐준다고 옷 입는 방식이나 가정사까지 관여하면서 '전통적인 엄마 역할'을 강요하면 서로가 불편해집니다.

아들과 딸, 사위나 며느리와 성격이 안 맞으면 관계가 나쁠 수 있습니다. 며느리는 활달하고 표현을 많이 하는데, 시어머니가 소심하고 과묵하면 관계가 좋지 않더군요. 며느리의 한마디 한마디에 소심한 시어머니가 상처를 받지요. 반대의 경우도 마찬가지예요. 서로 이해하면서 주고받아야 소통이 되는데, 한쪽이 꽁해서 상대방이 말하는 내용 하나하나를 기억하고 자기 입장에서 편집하고 곱씹으면 관계가 개선되지 않지요. 아무 의도 없이 그냥 던진 말에 상처를 주고받게 됩니다. 결혼시킬 때 부모가 반대라도 했다면 관계가 계속 껄끄러울 수도 있지요. 그러다 보면 가정의 평화를 위해 피차간에 입을 닫고 지내게 되고, 그것이 또 다른 갈등을 야기할 수도 있습니다.

할머니가 아이 엄마, 아빠에 대해 못마땅해 하면 손주를 대하는 태도에도 영향을 미칠 수 있습니다. 보통 갈등은 사소한 일로 시작되지만 점점 문제가 커지면서 서로 상처를 입고 대화가 단절될 수 있지요.

이런 경우에는 피차간에 할머니 육아가 편안치 않을 거예요. 손주를 맡아 돌보기 전에 자식과의 관계부터 회복하는 것이 우선입니다. 젊은이들은 나름 잘하려고 노력하는데도 상대방이 자기를 인정해주지 않는다고 느끼면 관계 회복에 자신 없어 하면서 포기하기 쉬워요. 어른인 할머니가 마음을 열고 이해해주는 것이 문제 해결의 열쇠입니다.

세대 간 육아법의 차이를 해결하려면

할머니 세대와 오늘날의 육아법은 많이 차이가 납니다. 예전에는 먹이고 입히기만 하면 저절로 큰다고 생각했지요. 그때는 대가족 속에 살면서 자연스럽게 많은 가족에게 사랑받을 수 있어서 굳이 애착이니 사랑이니 말하지 않아도 아무 문제가 없었을 거예요.

그러나 핵가족으로 가족구조가 바뀌면서 사랑을 주고받을 사람 수가 줄어들고 말았습니다. 아이 한 명이 사랑받는 총량은 가족 내 어른들의 수라고 하는데 말이지요. 그러니 오늘날 핵가족 시대에 무조건적인 사랑과 애착을 강조하게 되는 건 당연합니다.

할머니들은 사랑으로 아이를 키우는 것이 중요하다는 것을 책으로 배우지 않아도 경험을 통해 알고 있지요. 젊은 엄마들이 할머니에게 아이를 안심하고 맡기는 이유도 그거잖아요. 그런데 바로 그 사랑이 문제입니다. 할머니가 오냐오냐 키워서 의존적이고 이기적인 아이가 된다고 염려하는 겁니다. 할머니가 뭐든지 받아주고 허용해주니까 버릇없는 아이로 큰다는 것이지요. 때로는 따끔하게 야단도 쳐야 하는데 나이 들면 저절로 알게 된다고 내버려두는 게 문제라는 것이지요. 이런 불평을 들은 할머니는 자존심이 상합니다. 교육을 많이 받고 아는 것이 많은 할머니일수록 아기 엄마와 갈등이 심하죠. 아는 할머니 한 분이 그러더군요. 육아에 대해 잔소리하는 딸에게 "얘, 나도 대학 나왔고, 아이 키워본 여자야"라고 했다고요.

자기 자식을 잘 키웠다고 자부심을 갖고 있는 할머니도 문제지요. 사사건건 자기주장을 할 수 있습니다. 아이를 자유롭게 키우고 싶어하는 엄마에게 "그렇게 키우다가 이 경쟁사회에서 어떻게 살아남겠니?"라고 하며 일찍부터 한글이나 숫자를 가르치고, 영어 교육이나 예능 교육에 열을 올리는 할머니도 있어요. 이미 자기 자식들을 학원에 보내본 경력을 활용하고, 할머니들끼리 정보를 교환하면서 말이지요. 어린 나이부터 엄격한 규율을 정해놓고 시간시간 체크하고 다그치기도 하지요.

경제력을 바탕으로 한 할머니들의 손주 사랑도 문제가 있습니다. 씀씀이 큰 '시니어 육아족'이란 말도 있더군요. 세련된 할머니들이 육아를 맡으면서 손주들에게 필요 이상의 고급 옷이나 신발, 비싼 장난감을 사주고, 이른 나이부터 비싼 유치원에 보내는 것을 자랑으로 여기기도 하지요.

할머니가 하루 종일 아이를 돌보다 보면 아이와 씨름하기 힘들어서 안 된다는 것을 알면서도 아이의 요구를 들어주기 쉽습니다. 예를 들어 아이가 울면 사탕이나 이온음료를 입에 물려주면서 달래는 겁니다. 그러다 보면 실제로 버릇이 나빠지기도 합니다. 손주를 기쁘게 해주려고 손주가 사달라고 조르는 물건이나 장난감을 엄마 모르게 사주기 시작하면 아이를 통제하기가 점점 어려워집니다. 때로는 아이 부모가 싫어하니까 몰래 사주기도 합니다. 아무리 몰래 해주어도 비디오에 찍힌 것처럼 손주의 말과 행동을 통해서 나타나게 되어 있습니다.

여기서 반드시 기억해야 할 사실이 있습니다. 손주는 할머니의 자녀가 아니라는 겁니다. 손주는 우리와 직접 연결되어 있는 관계가 아니라 아이 엄마, 아빠를 통해 연결되어 있습니다. 그러니 할머니가 자기주장을 강하게 하지 않는 것이 좋습니다. 요새 부모들은 공부도 많이 하고, 늦게 결혼해 서른이 넘어 아이를 낳는 경우가 많지요. 그러니 아이 부모는 교육관도 확실합니다. 할머니가 아이를 돌봐준다고 아이 부모의 의견을 무시하거나, 부모가 원하는 교육관에 어긋나는 행동을 하지는 말아야 합니다. 할머니가 애써서 손주를 봐주는 이유는 손주가 잘 자라기를 바라기 때문이잖아요. 할머니 때문에 아이를 망친다는 생각이 들면 모든 관계가 어그러질 수 있습니다. 할머니가 아이의 엄마, 아빠와 갈등하지 않고 손주를 위하는 육아를 하고 싶다면, 많이 대화하면서 부모의 의견을 존중해주세요. 그래야 일관성 있는 육아 원칙이 생깁니다. 사주고 싶은 게 있어도 아이 부모와 의논해야 합니다.

또한 손주의 나이와 특성에 따라 가장 필요한 육아법이 무엇인지 아이 엄마와 의논하면서 아이에게 맞는 육아법을 택하는 것이 좋습니다. 남들이 다 좋다고 하는 방식이 우리 아이에게는 안 맞을 수도 있으니까요. 육아의 책임은 전적으로 엄마, 아빠에게 있습니다. 할머니는 아이 부모를 돕는 역할을 맡고 있는 것입니다. 아무리 자기 방법이 옳다고 생각해도 부모에게 강요하지 마시고, 부모의 결정을 중시하면서 육아를 도와주세요. 그래야 삼대가 행복합니다.

사례비와 감정의 문제

워킹맘이 늘어나면서 할머니에게 육아를 부탁하는 현상이 대세가 되고 있습니다. 맞벌이 부부의 절반 이상이 할머니에게 육아를 맡기고 있다고 하네요. 할머니에게 아이를 맡긴 경우 절반 이상이 비용을 지불한다고 합니다. 어린이집이나 도우미에게 아이를 맡겨도 경비가 만만치 않으니까 노후자금이 충분치 않은 할머니에게 자녀가 사례비를 드리는 것은 당연합니다. 그렇지만 손주 양육을 돈으로 환산해서 보상을 해주고 또 받는다는 게 서로 불편하고 껄끄러울 수 있습니다. 사랑으로 하는 손주 육아가 '고용-피고용'의 관계처럼 느껴질 수 있기 때문이지요.

할머니에게 아이를 맡기는 워킹맘은 얼마를 드려야 할지 고민입니다. 육아정책연구소의 실태 조사에서는 평균 금액이 33만 원이었지만, 육아 관련 인터넷 카페에 올라온 글을 보니 하루 12시간 주 5일 정도 맡기는 경우 월 100만 원, 야근이 잦거나 사는 곳이 멀어 24시간 내내 주 5일 맡겨야 하면 150만 원 이상을 드리고, 어린이집에 6~8시간 보내고 나머지 공백 시간만 돌봐주면 60~80만 원 정도를 드린다고 합니다.

워킹맘이 자기 월급의 많은 부분을 할머니에게 사례비로 드리게 되면 할머니에게 바라는 것이 더 많아집니다. 할머니가 희생하는 것이 아니라 당연히 해야 할 일을 하고 계시다는 생각이 들 수 있습니다. 일단 사례비가 클수록 당당하게 이것저것 요구할 수 있습니다. 할머니에게 충분히 돈을 드리는데도 아이 보는 유세를 한다고 생각되면 짜증이 납니다.

그런데 그거 아셔요? 자기가 즐거워서 한 일에 대해 돈으로 보상을 받으면 즐거움이 사라져 버린다는 사실요. 한 심리학 실험에서 실타래 감는 지루한 일을 시키고 '재미있다'라고 말하는 조건으로 A 집단 사람들에게는 10,000원을 주고, B 집단 사람들에게는 1,000원을 주었어요. 쉬는 시간에 실타래를 재미있게 감고 있는 사람들은 누구였을까요? 놀랍게도 1,000원을 받은 B 집단 사람들이었어요. A 집단 사람들은 '재미있다'고 말한 이유가 10,000원 때문이었다고 생각하니까 실제로 재미가 없었지만, B 집단 사람들은 1,000원 때문이었다고 하기에는 보상이 너무 작으니까 정말 재미있다는 태도가 만들어진 것이지요.

마찬가지로 사랑으로 하는 일을 돈 때문에 하는 일로 만들지 않는 것이 삼대가 행복한 육아의 지혜입니다. 할머니 입장에서는 돈으로 엮인 관계는 불편합니다. 돈이 중요한 것이 아니라 고맙다는 말 한마디가 더 듣고 싶다고 합니다. 하루 종일 힘들게 아이를 돌보고 있는데 돈 드렸으니 당연하다는 식으로 대하면 섭섭해지는 것이지요. 할머니들은 돈 때문에 손주를 봐준다고 하는 게 정서상 불편합니다. 물론 손주 양육은 대가가 필요한 일이라고 생각하지만 손주를 봐주는 이유는 '내 자식이 필요로 하니까', '손주가 예쁘고 사랑스러우니까', '손주가 행복하게 잘 자라야 하니까'라고 말합니다. 그런데 아이 엄마가 자기를 고용하고 있는 것처럼 행동하면 자존심이 상합니다. 그런 경우 시간만 되면 준비하고 있다가 아이 엄마가 들어오자마자 쏜살같이 집으로 가버립니다. 아이를 위한 대화가 단절되기 쉽지요. 젊은 엄마, 아빠가 예의를 지키고 마음에서 우러나는 감사를 표시하면서 할머니의 고충을 헤아려주면 좋겠습니다.

내 몸과 마음 돌보기

어머니의 자식 사랑은 무조건적입니다. 자기 몸이 망가져도 자식을 위해 헌신해왔지요. 그러나 이제는 자신도 돌봐야 하는 나이입니다. 할머니가 손주를 돌봐주고 싶어도 건강이 좋지 않으면 봐줄 수가 없습니다. 또 건강해서 육아를 시작했다 하더라도 아이를 돌보면서 건강이 나빠지거나 스트레스가 심하면 중도에 포기할 수도 있습니다. 특히 자녀들을 출가시킨 후 바깥활동을 즐기던 할머니들은 하루 종일 집에 묶여 아이 돌보는 것을 답답해하다가 병이 나기도 하더군요. 또한 할머니 노릇을 어디까지 해주어야 하는지 명확한 선이 그어져 있지 않으면 일에서 놓여나지 못해 더 힘들어집니다.

할머니 육아를 시작하기 전에 아이 부모와 대화를 통해 한계를 정하는 것이 서로에게 도움이 됩니다. 할머니와 아이 부모가 각기 자유롭게 생활하면서도 친밀한 관계를 유지할 수 있도록 말이지요. 그러기 위해서는 할머니가 아이 집에 가서 돌보는 것이 나은지 아니면 할머니 집으로 아이를 데리고 올 것인지부터 정해야겠지요. 어떤 할머니들은 딸이나 아들이 사는 집 근처로 이사를 하더군요. 친정 곁으로 이사 오는 딸들도 많이 봤어요. 가까이 살면 할머니나 워킹맘이나 수고도 덜하고 안심이 됩니다.

할머니가 가서 봐주어야 하는 경우, 육아뿐 아니라 두 집 살림을 하느라 일이 많아지기도 합니다. 이런 경우는 집안일에 대해 미리 의논하셔요. 할머니에게도 자신의 생활이 있고 또 건강도 지켜야 하니까 모든 것을 할머니가 맡는 것은 무리입니다. 워킹맘이 살림에 자신이 없다고 해도 할머니가 육아에 살림까지 해주기는 어렵습니다. 할머니가 모든 것을 해주겠다고 나섰다가 중간에 아파서 포기하는 것보다는, 경비가 조금 더 들더라도 도우미를 일주일에 몇 번 쓰는 것이 현명할 수 있습니다.

아기를 할머니 집에서 봐주는 경우, 아기를 맡기고 데려가는 시간, 아기에게 응급상황 발생 시 조치 등을 명확하게 구분해 놓는 것이 좋습니다. 할머니 집에서 아이를 봐주면 할아버지나 아직 결혼하지 않은 이모나 고모, 삼촌의 손을 빌릴 수 있어 아이 보는 일이 더 수월합니다. 그렇지만 아이 봐주는 것만으로도 충분히 힘든데, 퇴근 후에 아이 엄마, 아빠가 아이 찾으러 와서 저녁식사까지 하고 가면 할머니가 지칩니다. 아이를 데려가는 시간을 정하면서 이런 일까지 미리 의논하셔요. 이런 말을 꺼내는 게 처음에는 야박하게 느껴질지도 모르지만, 그렇지 않으면 할머니가 점점 힘들어지고 관계까지 나빠질 수 있으니까요. 아이 엄마, 아빠도 퇴근 후 아이 데리고 가서 늦게 밥해 먹는 일이 힘든 일일 거예요. 할머니가 밥만 하고, 아이 엄마나 아빠가 반찬거리를 사가지고 와서 간단히 함께 요리해서 저녁을 먹는 식으로 결정하면 모두가 즐거울 수 있어요. 그러면 하루 종일 지친 할머니도 기분이 나아지겠지요.

일주일 내내 아이를 봐줄 것인지, 아니면 닷새만 봐줄 것인지도 정하셔요. 요즈음에는 친할머니와 외할머니가 반반 나누어서 보는 집도 있더군요. 혼자 봐줄 때보다 육아의 짐이 반으로 줄어들지만 어린아이에게 큰 혼란을 줄 수 있습니다. 혼자 전담해서 아이를 볼 것인지, 도우미를 쓰면서 함께 볼 것인지도 정하셔요. 현재 상태에서는 다 할 수 있을 것 같겠지만 길게 생각하고 결정하는 것이 좋습니다.

아이와 같이 뛰고 놀다 보니 건강해지더라

노인에게 가장 중요한 덕목이 무엇인지 아십니까? 바로 건강이에요. 할머니 존재가 육아 문제 때문에 중요해진 이때에 건강을 잃은 할머니는 아무 도움도 주지 못합니다. 할머니 노릇을 해주다가 건강을 잃어도 그 과정이 눈에 보이지 않습니다.

얼굴은 젊어 보여도 이미 노화가 시작된 할머니에게는 아이 돌보는 일이 여간 힘든 일이 아닙니다. 아이를 돌본다는 것은 한시도 아이에게서 눈을 떼지 않고 주의를 기울이는 거잖아요. 특히 아이를 안고, 업어주고, 기저귀를 갈아주고 하다보면 손가락 관절도 허리도 무릎도 상하기 일쑤이지요. 저도 미국에서 서너 달 손자를 봐주고 돌아오면 허리랑 무릎에 이상이 오곤 했어요. 특히 아침에 잠에서 깬 손자가 2층 침실에서 "할머니~~~"하고 불러대면서 자기를 업고 아래층으로 내려가 달라고 애교를 떨면 그걸 마다하지 못하고 업고 계단을 내려오곤 했던 게 무리였지요. 그건 우리 둘 사이 아침 사랑의 표현이었지만, 결국은 제 무릎과 허리 관절에 이상이 오고 말았지요. 그러니 저는 미국만 다녀오면 정형외과에 갔고, 의사 선생님은 웃으며 "또 손주 봐주고 오셨어요?"라고 묻곤 하셨어요.

할머니 육아를 잘하려면 영양제나 비타민, 관절에 좋은 보조제를 열심히 복용하는 게 도움이 되는 것 같아요. 하루 종일 아이를 본다는 게 신체적으로 많이 힘든 일일뿐더러 이 시기부터는 관절염이 슬그머니 찾아오니까요. 보조제 덕분에 뻑뻑하던 손가락 마디도 잘 돌아가고, 손목도 무릎도 확실히 부드러워집니다.

아이를 보면서 운동을 함께 해보셔요. 아이와 함께 춤도 추고 스트레칭도 하고 요가도 해보셔요. 기차놀이 같은 것을 하면서 이 방 저 방 돌아다니고, 동물 흉내를 내면서 엎드려 기어 다니는 포즈를 취해보셔요. 아이가 걷고 뛰는 게 가능해지면 가벼운 공을 가지고 축구도 하고 공놀이도 하면 운동이 되지요. 아이와 적극적으로 놀면 아이도 할머니도 건강해지고 기분도 좋아집니다. 우리 손자가 세발자전거를 타기 시작하면서 나는 뛰고 손자는 자전거를 타고 경주를 하기도 했지요. 숨이 턱에 닿도록 뛰면서 아이와 놀고 나면 건강이 좋아지는 것 같았어요. 아이 앞에서 위엄을 부리고 엄숙한 할머니가 되려 하지 마시고 아이의 눈높이에 맞추어서 웃고 이야기하고 몸을 움직이는 게 할머니 건강에도 좋습니다.

  문화센터 같은 데서 일주일에 두세 번 요가나 스트레칭, 수영을 해보셔요. 그것이 안 되면 동네 한 바퀴라도 걷고 오셔요. 운동은 뇌세포와 뇌의 회로에 산소와 혈액을 공급해주어 치매 예방에도 좋고, 아프던 관절과 어깨도 풀립니다. 어디 시간이 나서 운동을 할 수 있느냐는 말이 나올 수 있지요. 집에 할아버지가 계시면 아이를 맡기고 나가보셔요. 아니면 규칙적으로 도우미를 불러 본인의 건강을 챙기셔요. 해야 할 일 중 일순위로 운동을 올려보는 건 어떨까요?

나만의 시간을 위해 주변에 도움을 청하자

나이 들수록 적극적으로 활동하고 사람을 만나는 것이 운동 못지않게 치매 예방이나 노화 방지에 좋습니다. 사람들을 만나야 세상 돌아가는 것도 알고, 새로운 정보도 얻을 수 있어요. 그러면서 뇌에 생기가 생기고, 삶에도 활기가 돌지요. 할머니도 자신만의 삶이 있잖아요. 친구들 모임에도 나가고, 형제자매, 친척들도 만나셔요. 손주 본다고 모든 모임을 끊지 않는 것이 마음 건강에 좋습니다. 엄마들이 아이 낳고 육아만 하다가 '경력 단절'로 취업이 어렵다고 하는데, 할머니들도 육아에만 올인하다가는 '관계 단절'로 친구를 잃을 수 있으니까요.

아이 부모가 집에 있는 주말이나 공휴일을 이용해 자유 시간을 충분히 가지셔요. 영화도 보고, 친구도 만나고, 야외에 나가서 바람도 쐬고 기분전환을 하셔요. 그러고 나면 다음 한 주를 기분 좋게 시작할 수 있겠지요. 평일에 도와줄 할아버지가 옆에 있으면 아이를 맡기고 모임에 잠시 다녀오셔요. 아이를 데리고 다닐 만해지면 편안한 친구들 모임에는 아이를 데리고 나가보셔요. 아이에게 색다른 음식을 먹일 수 있고, 여러 사람들과 어울리는 것도 가르칠 수 있어 좋습니다. 평일에 아이를 데리고 나갈 수 없는 어려운 자리에 꼭 나가야 한다면, 아이 엄마나 아빠가 휴가를 내고 아이를 볼 수 있는지 물어보셔요.

시간제 육아돌보미의 도움을 받을 수도 있습니다. 각 시, 군의 건강가정지원센터에는 아이돌봄 지원제도가 있어요. 만 3개월~12세 아이들을 시간제로 돌봐주는 제도도 있고, 3개월~24개월 영아 종일제 돌봄 제도도 있습니다. 여성가족부에서 하는 '아이돌봄 지원사업'(https://idolbom.mogef.go.kr)의 도움도 받을 수 있습니다. 소득 수준에 따라 시간당 1500원에서 6000원까지 지불하면 교육받은 아이 돌보미의 도움을 받을 수 있어요. 그 외에도 참사랑어머니회(http://www.charmlove.co.kr), 세살마을(https://www.sesalmaul.com) 같은 곳에서도 돌보미 지원을 합니다. 규칙적으로 같은 돌보미의 도움을 받으면 아이도 낯설지 않은 어른과 함께하면서 새로운 경험을 할 수 있을 거예요.

육아 스트레스에는 수다가 보약

육아 스트레스는 단지 아이 보는 것 때문에 생기는 것은 아니지요. 아들, 딸, 며느리, 사위와의 관계가 더 많은 긴장과 갈등을 일으키고, 그로 인해 몸과 마음이 지치게 됩니다. 젊은이들은 관계 때문에 오는 마음의 짐을 직장에 나가 사람들을 만나면서 풀 수 있지만 할머니는 호소할 곳이 마땅치 않아 마음에 담아두고 끙끙대기 쉬워요.

젊은 엄마들은 자기들끼리 만나면 시어머니와 시댁 흉보느라 정신이 없더군요. 인터넷 사이트를 구경해보면, 못마땅한 시어머니 흉보고 속 풀이를 하는 글이 많이 올라와요. 시댁이 싫어서 '시' 자 들어간 시금치도 안 먹는다는 말이 무슨 말인지 알 것 같더군요.

할머니들은 딸과 며느리, 아들과 사위가 예쁘고 고맙기만 할까요? 자기들은 뭐 잘못하는 거 없나요? 할머니들은 섭섭함을 어디에 호소하나요? 아이 보느라 힘든 할머니들이 속 풀이도 못하면 화병이 날 수도 있어요.

속 풀이는 가장 믿을 만하고 안전한 사람에게 해야겠지요. 그 사람이 누구일까요? 할아버지가 옆에 계시다면 당연히 할아버지에게 속상한 이야기를 할 수 있습니다. 그렇게라도 쏟아놓고 나면 마음이 한결 가벼워지지요. 며느리에게 속상한 마음을 아들을 불러 이야기한다는 할머니도 계세요. 그런데 가족들에게 속 풀이를 하면 예측하지 못한 때에 눈치 없는 남자들이 불쑥 그 이야기를 들춰내 며느리나 딸과의 관계가 전보다 더 나빠지기도 합니다.

오래된 친구들은 속 풀이하기에 제격이에요. 친구들 모임에 나가던가 아니면 집으로 불러서 함께 이야기를 나누셔요. 딸이나 아들에게 섭섭한 것, 며느리나 사위에게 화난 것을 흥분해서 떠들고 나면 스트레스가 싹 가십니다. 그런 점에서 친구들 모임은 단순히 잡담하는 모임이 아니라 돈 안 내고 하는 '집단상담' 모임이 될 수 있지요. 전문가 상담에서 얻는 것 못지않은 도움을 받을 수 있어요. 한 사람이 속상한 이야기를 꺼내면 다른 친구들도 줄줄이 흉보고 속 풀이하느라 시끌벅적 시간 가는 줄 모릅니다. 그러면서 할머니들은 자기 자식들만 잘못하는 게 아니라는 것을 알게 되고, 그게 젊은이들의 생활방식이라는 것도 터득하게 되지요. 속 풀이를 하면서 오히려 세대 차이를 인정하게 되고, 젊은 자식들에 대한 이해가 깊어지며, 치유가 될 수 있습니다.

영적으로 성숙해지는 시간

할머니가 되는 시기는 우리가 인생에 대해 더 깊이 생각해보는 시기와 맞닿아 있습니다. 가까운 사람들이 세상을 떠나고, 치명적인 질병으로 고통을 당하기도 하니까요. 그러니 중년이 지나면서는 눈에 보이는 물질세계 너머 더 큰 세계에 관심을 가지게 되고, 나머지 인생을 의미 있게 살고 싶어 하지요. 정신의학자 칼 융은 인생의 전반부는 자기 자신을 규정하고 개인의 성취를 꿈꾸고 매진하는 시기이지만, 인생의 후반부는 자신을 돌아보고 영적인 완성에 도달하기 위해 살아간다고 말합니다.

그런 이유에서인지 손주에게 종교적인 믿음을 심어주고, 인생의 영적인 부분을 알려주는 역할은 할머니가 담당하게 되는 것 같아요. 영적인 바탕에 기반해서 자연스럽게 아이들에게 사랑과 배려, 기쁨, 평화, 친절, 정직을 가르치게 되지요. 할머니에게 종교가 있고 신앙심이 깊다면 손주는 할머니의 기도와 영적인 가르침을 통해 모든 사람이 존엄하다는 것을 배우게 됩니다. 자녀를 위해서 그리고 손주를 위해서 사심 없이 드리는 기도는 아이들에게 무언으로 전달되니까요.

할머니는 손주를 봐주면서 영적으로 더 성숙해집니다. 아이의 맑은 눈과 매일매일 달라지는 모습은 경이 그 자체니까요. 매일 아침 기도 시간을 정해 놓고 기도하거나 백팔 배를 빼놓지 않고 한다면 영적인 성숙뿐 아니라 자신을 다스릴 수 있는 힘을 선물로 받을 수 있습니다. 그런 과정을 통해 스트레스가 씻겨나가고, 기쁨으로 손주를 볼 수 있는 영적인 에너지가 충전될 수 있습니다.

아이의 행복을 좌우하는
9가지 양육 방식

누구나 손주가 건강하고, 성격 좋고, 인기 있고, 똑똑한 아이로 자라기를 바라는 마음이 간절하지요. 그렇다면 많은 가능성을 갖고 있는 아이를 위해서 어떤 할머니가 되어야 할까요? 어떤 할머니로 기억되고 싶은지, 아이에게 어떤 영향을 미치는 할머니가 되고 싶은지를 생각해보는 것도 좋겠지요.

오래 전에 노인심리학자인 뉴가튼(Neugarten)은 조부모의 유형에 5가지가 있다고 밝혔어요. 이 분류는 조부모가 손주와 어떻게 관계 맺느냐와 관련된 아주 고전적인 기준입니다.

형식적인 조부모: 조부모 역할에도 기준선이 있다고 믿고 그 선을 넘지 않습니다. 이들은 손주에게 관심을 기울이고 종종 손주를 위해 봉사도 하지만, 지나치게 간섭하거나 신경 쓰지 않습니다. 자신은 조부모일 뿐이고 책임은 그 부모에게 있다고 선을 긋는 것이지요.

놀이친구: 손주와 같이 재미있게 지내는 데만 신경 쓰는 유형입니다. 손주를 데리고 놀아주고, 운동을 하고, 놀이동산도 가고, 게임도 하며 즐겁게 시간을 보내는 것을 중시하지요. 방학이나 휴일에 함께 여행을 가기도 합니다.

머나먼 당신: 손주와 멀리 떨어져 살며 별로 접촉하지 못하고, 명절에나 어쩌다 한 번 만나는 관계이지요. 출가한 자녀들이 대도시로 이주하면서 고향에 남아 살고 있는 조부모는 그저 할머니, 할아버지라는 이름으로만 아이들 기억에 남게 됩니다.

대리 양육자: 손자녀 양육을 대신 해주는 조부모입니다. 직장을 가진 부모나 양육을 담당하기 어려운 부모 대신 손주를 돌보는 조부모이지요. 매일 손자녀의 집에 출근해서 아이를 봐주던가, 아예 아이와 한 집에 살면서 아침부터 밤까지 봐주는 유형입니다. 이 책의 목적은 이 유형에 초점이 맞추어져 있습니다.

지혜 전달자: 가족의 어른으로서 조언을 하고 지혜를 나누며, 자식 세대에게 영향을 미치는 유형입니다. 요즈음은 많이 사라졌지만 우리의 전통적인 가족제도에서 존경받는 조부모의 역할은 이런 유형이었지요.

손주를 돌봐주기로 마음먹은 할머니는 이 중 대리 양육자 유형에 속하겠지요. 대리 양육을 하다보면 자연스럽게 놀이친구가 되어 주어야 하고, 지혜 전달자의 역할도 하게 됩니다. 한편 대리 양육을 맡아 하게 된 이유는 여러 가지가 있을 거예요. 손주를 사랑하는 마음으로 즐겁게 양육을 맡는 경우도 있지만, 어쩔 수 없이 맡게 된 경우도 있습니다. 손주보다 엄마, 아빠가 된 자기 자녀가 안쓰러워서 도움을 주기 위해 아기를 돌봐주는 경우도 있고, 자녀의 경제적인 처지를 고려해서 양육을 맡는 경우도 있을 거예요.

할머니의 양육 방식과 아이의 성격

이유가 무엇이든 할머니가 양육을 대신해준다면 아기는 인생의 처음을 할머니와 오랜 시간 같이 지내야 하고, 할머니의 영향을 많이 받게 됩니다. 할머니의 양육 태도가 아기에게 크게 영향을 미치는 것이지요. 할머니가 얼마나 애정을 표현하고 아기를 지지해주는지, 아니면 통제를 하고 엄격한지에 따라 행복한 아이로 자라기도 하고, 버릇없는 아이로 자라기도 하고, 우울한 아이로 자랄 수도 있습니다. 그럼 나는 어떤 유형인지 알아볼까요?

엄격형: 아주 엄격하고 냉담하게 규칙을 세우고 강요하는 유형입니

다. 시간을 정해놓고 먹이고 재우며, 잘 안아주지도 않고, 만져서는 안 되는 물건을 만지면 혼을 내는 유형이지요. 아이가 자라도 아이 말에 귀를 기울이지 않고 자신의 입장만 고집합니다.

민주형: 아이를 애정으로 대하고 아이의 행동에 반응해주며 아이의 의견을 존중합니다. 아이를 통제하지만 합리적으로 통제하고, 융통성이 있습니다. 아이의 입장을 고려하면서도 아이가 자신의 지시를 따르도록 만듭니다. 떼를 쓰면 그 이유가 무엇인지 알아보고 아이의 관점을 존중해주지만, 안 되는 것은 안 된다고 알려줍니다.

허용형: 아이가 원하는 대로 들어주고 잘못된 행동을 저지하지도 않습니다. 아이가 먹고 싶어 하는 것은 무엇이나 주고, 스마트폰도 달라고 할 때마다 줍니다. 할머니 손에 자라는 아이들은 오냐오냐 커서 버릇이 없고 제멋대로 한다는 말을 듣게 되죠.

노예형: 아이를 왕처럼 떠받들어 주고 자기는 노예처럼 행동하는 것을 아이를 사랑하는 방법이라고 생각합니다. 아이 스스로 할 수 있는 일을 미리 알아서 해줍니다. 아이가 혼자 밥을 먹을 수 있는 나이에도 밥을 떠 먹여주고, 밥 먹다가 돌아다니면 쫓아다니며 밥을 먹입니다. 옷도 입혀주고 색칠 공부도 대신 해줍니다. 장난감을

어질러도 아이 대신 치워주고, 실수를 해도 대신 해결해줍니다.

방임형: 아이에게 아무 관심이 없는 유형입니다. 사랑을 표현하지도 않고, 아이가 울어도 달래지 않고 방치하며 아이에게 필요한 것이 무엇인지 생각하지 않습니다. 방임형 양육을 받은 아이들은 어린 나이부터 공격적으로 되고, 분노를 폭발할 수 있습니다.

착각형: 자신이 엄마가 된 것처럼 생각하고 아이를 감독하고 간섭합니다. 아기 엄마의 양육 방식보다는 자신의 양육 방식이 옳다고 믿고 고집합니다 아이 부모와 양육 방식 때문에 다투게 됩니다. 아이 주변을 맴돌며 감시하므로 헬리콥터 형이라고도 합니다.

까칠형: 아이를 억지로 맡아 길러주고 있다는 생각과, 자신이 하고 싶은 일은 따로 있는데 아이 때문에 못하고 있다는 생각에 아이를 신경질적으로 대합니다. 며느리나 사위에 대한 못마땅함이 아이에게 전가되어 "제 애비를 닮아서…" 또는 "제 어미를 닮아서…"라는 비난을 하기도 합니다.

비일관형: 상황에 따라 또는 기분에 따라 일관성 없이 아이를 대하는 유형입니다. 유난스럽게 아이를 사랑하는 것처럼 굴다가도 기

분이 나쁘거나 바쁘면 함부로 말하고 방치하기도 합니다. 아무도 없을 때는 아이에게 까칠하게 굴다가 아이 부모가 있거나 남이 볼 때는 한없이 사랑을 표현하는 '허용형'으로 바뀌기도 합니다.

에코형: 오늘날의 환경과 기술이 아이들에게 좋지 않은 영향을 미치고 있다는 믿음이 강한 유형입니다. 아이에게 친환경, 무공해 음식을 먹이고, 단 음료, 패스트푸드나 과자 같은 것을 주지 않습니다. TV나 스마트폰은 아이에게 유해하므로 보여주지 않고, 아이와 함께 텃밭을 가꾸거나 자연으로 나갑니다.

어떤 양육 방식이 좋은지 금방 알 수 있습니다. 연구 결과를 보면 방임형, 까칠형, 비일관형의 양육을 받은 아동들이 자라서 문제 행동을 일으키는 경향이 높다고 해요. 엄격형 양육을 받은 아동은 침울하고 행복하지 않았으며, 불친절하고, 목표가 없었습니다. 허용형 양육자는 권위 없이 아이의 요구를 무조건 받아주므로 충동적이고 공격적인 아이가 되기 쉽습니다. 특히 아동의 공격성을 허용하면 남자아이들은 자기 통제를 못하고 공격적인 성향이 됩니다. 이런 유형의 양육을 받고 자라난 아동은 청소년이 되었을 때 책임감이나 독립심이 부족하고, 학교 성적이 저조하고 미성숙하다고 합니다.

유쾌하고 자신감 넘치는 아이 곁에는 이런 할머니가 있다

반면 민주적 양육을 받은 아이는 사회적, 정서적, 지적으로 성숙합니다. 아이들은 유쾌하고 책임을 질 줄 알고, 자기에 대한 믿음이 있고, 성취 지향적이고, 어른이나 또래와 서로 협력합니다. 민주적 양육은 따뜻하고 수용적이고, 아이에게 자기 행동을 조절하고 선택할 자유를 주면서도 분명한 선을 긋기 때문에 자기 통제를 배울 수 있지요.

그렇다면 민주적 양육을 할 수 있는 노하우를 생각해볼까요. 민주적 양육은 아이에게 선택권을 줍니다. 일방적인 강요가 아니라 아이 스스로 자기가 좋아하는 것을 선택하도록 해주는 것이지요. 아직 말을 못하는 아기에게도 선택권을 줄 수 있습니다. 제 조카는 아기가 칭얼거릴 때 우유가 든 병과 물이 든 병을 들고 가서 아기가 고르도록 하더군요. 아이가 조금 커서 말귀를 알아듣게 되면 아이가 해야 할 일을 스스로 선택하게 만들어줍니다.

그러다가 아이가 좋지 않은 선택을 하면 어쩌나 걱정이 되지요? 꼭 해야 하는 일을 순서를 바꿔서 선택하도록 하면 됩니다. 저는 밖에 나갔다 들어와서 곧바로 손 씻기 싫어하는 손주에게 이렇게 물어요. "손 씻고 밥 먹어야 하는데, 옷 갈아입고 손 씻을까 아니면 손 씻고 옷 갈아입을까?" 그러면 아이는 두 가지 중 하나를 선택하더군요. 특히 아이가 좋아하는 행동과 싫어하는 행동을 묶어 순서를 달리해 선택하게 하면 더 좋습니다. "목욕하고 책 읽을까 아니면 책 읽고 나서 목욕할까?"라고 묻는 것이지요.

민주적 양육에서는 규칙을 정해주고 그것을 지키도록 합니다. 규칙은 어른이 기분 내키는 대로 그때그때 만드는 것이 아니라 미리 정해놓고 규칙을 상기시킵니다. 예를 들어 놀이터에 나가 놀 때 "30분만 놀다 오자"라는 식으로 놀 시간을 미리 정해 시계 바늘을 보여줍니다. 그리고 5분 전에 아이에게 5분 남았다는 것을 알려줍니다. 어른 마음대로 노는 걸 중지시키는 것이 아니라 규칙을 지키도록 하는 거지요. 5분 후에는 정확하게 집에 들어갑니다. 미국에서는 엄마나 할머니들이 대개 이 방식을 쓰더군요. 아이들은 놀다가도 시간이 다 돼 간다는 것을 미리 알 수 있고, 시간이 되면 당연한 듯이 양육자를 따라갑니다. 아이가 떼를 써도 규칙을 지키도록 하면 다음에는 순순히 말을 듣게 되지요.

손주를 봐준다는 건 아이가 저절로 자라기를 기다리는 것은 아니지요. 직장 나가는 엄마를 둔 손주에게 할머니는 가장 중요한 존재입니다. 손주가 세상에 대해 어떤 태도를 갖느냐 하는 것이 할머니 손에 달려 있으니까요. 어찌 보면 할머니 인생에서 가장 창조적이고 의미 있는 또 하나의 시간이 될 수 있습니다.

야단치지 않고 좋은 습관 들이는 비결

할머니가 아이를 오냐오냐 길러서 할머니가 키운 아이는 버릇이 없다고들 하지요. 꼭 그럴까요? 아이를 혼내지 않고 오냐오냐 귀여워하면서도 버릇을 들일 방법은 없을까요?

이 세상에서 살아가기 위해서는 최소한 사회가 요구하는 제도와 규칙에 적응하고 따라가야 합니다. 아직 떼쓰고 자기밖에 모르는 아기에게 자기 마음대로 다 할 수는 없다는 것, 해서는 안 되는 행동이 있다는 것, 꼭 해야 하는 일이 있다는 것을 가르치는 일은 쉽지 않습니다. 그러나 자기를 조절하는 능력을 길러주고, 사회에서 인정받는 행동을 가르쳐야 아이가 행복하게 살아갈 수 있습니다. 특히 우리나라와 같이 예절을 강조하는 사회에서는 가르쳐야 할 것이 더 많습니다.

사실 사회가 만들어 놓은 제도와 규칙은 편의상 만들어진 것이지 절대적인 것은 아닙니다. 그러나 규칙을 잘 지킬 때 더 사랑받고 인간관계가 풍성해집니다. 결국 규칙을 배운다는 것은 그 사회의 문화를 몸에 익히는 것이니까요. 규칙은 꼭 지켜야 한다는 것을 아이가 터득하도록 일관성 있게 보여주고 강조해야 합니다.

우리 문화에서는 집에 들어올 때 신발을 벗고 들어와야 하지만 미국에서는 집 안에서 신발을 신고 다닙니다. 우리 손자는 한국에 나왔다 미국에 가면 어린이집에 가서도 신발을 벗고 지내고 싶어 했어요. 맨발로 있는 것이 얼마나 편한지를 이미 알고 있으니까요. 그렇지만 손자가 다니던 어린이집에서는 무슨 이유에서인지 신발을 벗지 못하게 했어요. 아이는 이해하기 어려워하고 답답해했지만, 어린이집의 규칙을 지켜야 하니까 하는 수 없이 하루 종일 신발을 신고 지냈지요.

손자에게 바닥에 떨어진 음식을 먹지 말라고 훈련시키던 일이 기억납니다. 아이는 두세 살 때 밥을 먹다가 바닥에 흘린 음식을 주워 먹곤 했어요. 그렇지만 어린이집에서는 바닥에 떨어진 음식은 절대로 먹지 못하게 하니까 우리도 집에서 그렇게 가르칠 수밖에 없었지요. "먹지 마, 더러워"라고 말하면 아이는 밥상 위에 있을 때는 먹어도 괜찮던 음식이 갑자기 왜 못 먹는 음식으로 변하는지 이해하기 어려워하더군요. 아이는 "나는 더러운 게 좋아요"라고 말하며 주워 먹곤 했지요. 언젠가 놀이터에 데리고 나갔는데 큰 아이들이 미끄럼틀 위에서 팝콘을 먹으면서 흘리고 다니니까 손자가 쫓아다니며 주워 먹더군요. 마치 북한의 꽃제비 아이들처럼요. 놀이터에서 놀던 아이들이 모두 놀라서 "Don't eat!(먹지 마)"라고 소리쳤어요. 집에서 뿐 아니라 어린이집과 놀이터에서도 바닥에 떨어진 것은 주워 먹는 게 아니라고 하니까 아이는 밥상 위에 떨어진 음식도 먹지 않더군요.

버릇 들이기는 아이 자신이 독립적이고 개별적인 인간이라는 것을 알게 될 때 시작해야 합니다. 아직 자기가 분리된 개인이라는 것을 모르는 상태에서는 규칙을 가르칠 수 없지요. 그러니 버릇 들이기는 만 두 살 정도가 되어야 가능합니다. 만 두 살은 우리 나이로 세 살이니까 '세 살 버릇 여든 간다'는 속담이 생겼겠지요. 이 시기에 언어 발달이 이루어지기는 하지만 여전히 의사소통이 어렵고 합리적으로 생각하지 못합니다. 그래서 일관되게 반복해서 가르쳐야 좋은 습관과 태도를 길러줄 수 있습니다.

지적보다 칭찬이 더 효과적이다

좋은 습관을 기르기 위해 아이를 혼내거나 야단칠 필요는 없다고 생각합니다. 두 살이 넘어 아이에게 자아감이 생기면 어른처럼 존중받고 싶어 하니까요. 좋은 습관을 기른다고 아이를 혼내면 아이는 우울해집니다. 해서는 안 되는 행동을 했을 때 자꾸 지적하고 혼내는 방식보다는 좋은 행동을 했을 때 칭찬해주면서 좋은 습관을 길러주는 게 더 좋습니다. 내가 존중받고 싶은 것처럼 아이를 존중해주면서 습관을 길러주세요. 윽박지르거나 소리 지르지 않고 좋은 습관을 기르는 방법을 생각해볼까요.

인사 잘하는 아이로 키우려면

아이가 방긋방긋 웃으며 인사를 잘하면 어른들은 기분이 좋아져서 자연스럽게 아이를 예뻐해 줍니다. 인사는 어른이든 아이든 서로 소통하는 첫 관문이지요. 인사를 통해 그 사람의 첫인상이 결정되고, 좋은 인상은 취업과 결혼, 사회적인 성취에도 영향을 미칩니다. 그래서 아이에게 배꼽에 손 대고 "안녕하세요?"라고 허리 숙여 인사하라고 가르칩니다. 우리 문화에서 그런 습관은 필요하고 중요합니다.

인사가 아무리 중요하다고 해도 강요하는 건 좋지 않습니다. 아직 낯선 이에 대한 공포가 있는 아이들은 할머니 뒤로 숨고 징징댈 가능성이 있어요. 낯가림이 있는 아이를 낯선 사람에게 들이밀며 인사하라고 강요하면 인사 훈련은 시작도 못 해보고 실패할 가능성이 있습니다. 아이가 애착 형성이 잘 되어 할머니가 옆에 있으면 안심하고 다른 사람과도 눈을 맞추고 편안해질 때까지 기다렸다가 인사 훈련을 시작하세요. 사람을 만나고 헤어질 때 아이에게

'혼자' 인사하라고 시키지 말고 손잡고 '함께' 인사를 해보셔요. 이런 상황이 일관되게 반복되면 아이는 시키지 않아도 인사를 하게 됩니다.

아이들은 우리 생각보다 아주 영악해서 자기가 좋은 관계를 맺고 싶고 사랑받고 싶은 사람에게는 시키지 않아도 먼저 인사하기도 해요. 우리 손자는 친절한 어린이집 선생님들에게는 건성으로 인사를 하곤 했는데, 새로 이사 간 동네에서 자기에게 별 관심을 보이지 않는 옆집 백인 할머니를 만나자 달려가서 꼭 안기더군요. 이웃집 아저씨가 차를 몰고 나가니까 "하이, 어디 가세요?"라고 큰 소리로 인사를 하고요. 세 살도 안 된 아이가 직극적으로 인사를 하니 이웃들은 마음을 열고 가깝게 대해주었어요.

아이가 스스로 인사를 하려면 자아가 튼튼해져야 합니다. 아이가 무엇이든 스스로 하려고 할 때 혼자 할 수 있도록 격려해주셔요. 할머니가 되면 아이가 혼자 할 수 있는 일까지 해주고 싶고, 인사마저 간섭하고 강요하고 싶지만 참으셔요. 스스로 노력해서 결국 해내는 경험을 한 아이는 자존감이 높아지고, 다른 사람과 상호작용을 하고 싶어합니다.

그 사람의 문화 수준은 식탁에서 나온다

세상 모든 사람이 밥을 먹지만 먹는 방법은 문화에 따라 많이 차이가 납니다. 그래서 그 사람의 문화 수준은 밥을 같이 먹어보면 대번에 드러나지요. 어린 아이는 손으로 무엇이든 집어먹습니다. 손가락으로 콩도 집어먹고, 고기도 집어먹고, 국수를 주먹에 쥐고 얼굴에 바르면서 먹기도 하지요. 그러다가 수저를 사용하게 되고, 따로 이유식을 먹다가 어느새 어른들과 함께 식탁에 앉아 식사를 하게 되지요.

어른들과 함께 식탁에서 식사하게 되면 식사 예절이 필요합니다. 숟가락질이 잘 안 된다고 손으로 접시에 놓인 반찬을 집으려고 하면 식탁 분위기가 흐려집니다. 안 먹겠다고 징징거리는 것도 신경이 쓰입니다. 그렇다고 언제까지 아이 혼자 먹게 하거나 할머니가 떠먹일 수는 없습니다. 좋은 식습관을 기르기 위해서는 아이가 혼자 숟가락을 들고 먹도록 해주세요. 징징거린다고 관심을 보이거나 뜻을 받아주지 말고 잘 먹을 때 칭찬해주셔요. 아이들은 함께 식탁에 앉아 남들이 어떻게 하는지를 보면서 자연스럽게 식사예절을 배울 수 있습니다.

미국인들은 사람들과 함께 식사할 때 입에 음식이 있을 때는 말하지 않더군요. 음식을 조금씩 칼로 잘라서 입에 넣고, 입을 오므리고 식사를 하지요. 볼이 터질 듯이 음식을 입에 넣고 먹는 사람은 보지 못했어요. 그러나 우리는 볼이 미어터질 듯이 음식을 입에 넣고 먹는 걸 먹성 좋다고, 맛있게 먹는다고 합니다. 게다가 입 안에 가득 음식을 넣고 우적우적 씹으면서 밥알을 튀기며 말을 하는 것도 용납합니다. 국제화된 시대에 이제 그런 모습은 우리도 주의를 해야 하지 않을까 싶어요. 아이는 어른을 보며 배웁니다. 밥 먹을 때 입에 있는 음식을 삼킨 뒤에 말하는 모습을 보여주셔요. 앞으로 아이들이 살아가야 하는 세상은 지구촌이 이웃이 된 세계니까요.

맛있는 음식은 나누어 먹도록 가르치셔요. 할머니와 둘이 식사하면서 아이가 맛있는 것은 혼자 다 먹겠다고 할 때 모두 양보하지 마셔요. 할머니 것은 할머니가 먹어야 한다는 것을 가르쳐주셔요. 맛있는 것은 모두 제 것이라고 이기적인 생각을 하지 않게 말이지요. 쩝쩝, 후루룩 소리를 내며 먹지 않도록 좋은 본보기를 보여주고 격려해주셔요. 함께 나누어 먹고, 예쁘게 밥 먹는 습관을 들이면 더 사랑받는 아이로 자랍니다.

씻기 싫어하는 아이의 경우

냄새는 우리를 기분 좋게 만들기도 하고 역겹게 만들기도 합니다. 샤워를 하고 향긋한 비누냄새를 풍기면 옆에 있는 사람마저 상쾌해지지요. 아기를 씻기고 옷을 갈아입혔을 때, 그 뽀송뽀송한 냄새와 느낌은 그냥 사랑의 마음을 일으키기에 충분합니다. 반대로 씻지 않고 냄새나는 사람은 아무리 훌륭한 사람이라고 해도 멀리

하고 싶습니다. 스티브 잡스는 채식을 하면 몸에 냄새가 나는 점액이 분비되지 않는다고 생각해서 여러 주 몸을 씻지 않았다고 해요. 첫 직장인 '아타리'의 동료들 사이에서는 냄새를 풍기며 맨발로 돌아다니는 스티브 잡스에 대해 불만이 많았다고 해요. 그러다 다른 문제까지 겹치면서 결국 쫓겨났지요. 잡스야 뛰어난 능력을 가졌기 때문에 그런 역경을 딛고도 성공할 수 있었지만, 보통 사람들은 냄새 때문에 인생이 더 꼬일 수도 있습니다. 요즈음 학교에서 왕따 현상이 만연한데, 입에서 냄새나고 씻지 않아 더럽다면 왕따 되기 십상이지요.

양치질하고 씻는 일이 습관이 되지 않으면 귀찮고 하기 싫은 일이 되기 쉽지요. 어른들도 외출할 일이 없는 날은 하루 종일 양치질도 안 하고 세수도 안 하고 지내기도 하잖아요. 그러니 아이들 역시 씻고 양치하는 일이 가장 귀찮은 일상일거예요. 어른이 아이 앞에서 씻기와 양치질을 귀찮아하는 모습을 보여주었다면, 아이는 어른도 귀찮아하는 일이라는 것을 눈치 채고 하기 싫어합니다.

그러니 세수하고 샤워하고 양치질하는 것은 매일 당연히 해야 하는 일상이라는 것을 보여주세요. 어디 나가지 않는 날에도 빼먹지 말고 매일매일 해야 습관을 들이기에 좋습니다. 아이와 함께 이를 닦으세요. 할머니가 칫솔에 치약을 묻혀 이를 닦고 입을 헹구는 모습을 보여주세요. 서툴더라도 아이 스스로 하도록 옆에서 지켜보셔요. 이를 어떻게 닦는지도 보여주셔요. 윗니, 아랫니, 어금니를 닦는 모습을 보여주셔요. 아이는 거울을 보고 흉내 내면서 재미있어 합니다.

　세수도 혼자 하도록 격려해주셔요. 물을 틀어 얼굴을 씻고 비누칠을 하고 헹구고 수건으로 닦고 수건을 거는 일련의 행동을 스스로 하도록 도와주셔요. 처음에는 수도꼭지 여는 게 힘이 들지만 곧 익숙해집니다. 아이 혼자 하면 물이 사방에 튀고 일이 더 많아지지만, 아이들은 스스로 하면서 뿌듯함을 느끼고 세수하는 일에 점점 재미를 붙이게 됩니다.

아이가 떼쓰는 데는 이유가 있다

　살면서 지켜야 하는 규율이 많이 있습니다. 규율을 잘 지키면 모두가 행복합니다. 신호등 지키기도 그중 하나지요. 아이에게 강요하기보다는 아이 앞에서 공중도덕을 지키는 모습을 보여주셔요. 딸이 어릴 때 바빠서 건널목도 아닌 곳에서 건너다가 경찰에 걸린 적이 있어요. 딸에게 얼마나 창피하고 무안했는지 몰라요. 딸은 큰 충격을 받았는지 그 이야기를 두고두고 합니다. 잘난 척하며 훈육하던 엄마가 기본적인 공중도덕을 지키지 않았으니 말이지요. 쓰레기를 길에 버리지 않는 것도, 차례차례 줄을 서서 순서대로 버스를 타고 지하철을 타고 놀이기구를 타는 것도 어른들이 보여주어야 합니다.

공공장소에서 떼쓰고 울지 않는 것도 배워야 하지요. 아이가 얌전하게 잘 따라다닐 때를 포착해서 많이 칭찬해주셔요. 공공장소에서 떼를 쓰면 그럴 만한 이유가 있을 겁니다. 아이들이 얌전하게 참을 수 있는 데는 한계가 있거든요. 아이를 데리고 슈퍼마켓이나 백화점에 들러야겠다고 생각한다면, 아이가 잘 참을 수 있는 시간인지를 먼저 고려해보셔요. 낮잠 시간은 아닌지, 배고픈 시간은 아닌지, 배변해야 하는 시간은 아닌지 따져보고 나가야 합니다. 항상 먹을 것과 마실 것은 준비해 가지고 다녀야 하지요. 억지로 따라 나간다는 생각이 들지 않도록 간식으로 뭘 가져갈지 아이가 선택하게 해주셔요.

아이는 신체적으로 힘든 상태인데, 얌전히 있으라고 야단치면 관계가 나빠집니다. 어른을 기준으로 생각하지 마시고 아이 입장에서 생각하면서 아이가 힘들어 하면 집으로 돌아가는 것이 좋습니다. 아이에게 경험을 쌓게 해준다고 한 번에 여기저기 데리고 다녀서 아이를 지치게 만들지 마셔요.

아이에게 편안한 공간은 집이나 공원 같은 곳이지요. 마음대로 뛰어다닐 수 없는 식당이나 버스, 지하철은 아이에게 힘든 공간입니다. 외출하기 전에 미리 이야기해 주시고, 식당을 고를 때는 놀이방이 있는 곳으로 가는 게 좋습니다. 밖을 볼 수 없는 지하철보다는 앉아서 밖을 구경할 수 있는 버스를 타면 아이가 덜 지루해하죠. 습관을 길러준다고 아이를 너무 힘들게 하지 않는 것이 좋겠습니다.

행복한 삶을 위해 꼭 가르쳐야 하는 태도

세상을 살면서 훌륭한 지도자, 좋은 선생님을 만나면 세상에 대한 좋은 태도를 갖게 됩니다. 할머니는 아이에게 첫 번째 좋은 지도자가 될 수 있습니다. 이 시기는 아이가 세상에 대한 흥미와 태도를 형성하기 시작하는 시기죠. 아이를 야단치고 매를 들면서 가르치는 것보다는 공감해주고 존중해주면서 좋은 태도를 갖게 만들어주는 것이 중요하지요.

인간에 대한 예의

언제부터인가 우리 사회는 인간에 대한 존중과 배려는커녕 지방색, 학벌, 직업, 살고 있는 동네를 따지면서 편견을 가지고 사람을 대하고, 차별과 무시가 만연하게 되었습니다. 젊은이는 노인을 무시하고, 학생은 선생님을 존경하지 않습니다. 이제는 다문화사회가 되었다고 하는데, 외국인 노동자에 대한 편견과 차별은 더 심해졌습니다.

물론 이렇게 된 이유는 여러 가지가 있을 거예요. 취업은 어렵고 경쟁이 치열해지니까 끼리끼리 줄을 대려고 하고, 그런 와중에 다문화 인구까지 유입되니까 그들이 우리 자리를 뺏는 것은 아닌지 우려스럽기도 하겠지요. 어른들의 잘못도 큽니다. 세상은 많이 바뀌었는데, 권위만 내세우면서 본인은 변하려고 하지 않으니까요.

사실 아이들은 아주 어릴 때부터 누가 힘 있는 사람인지, 누구를 무시해도 되는지를 어른들이 보여주는 암묵적인 신호를 보고 금방 알아채요. 어른의 태도에 녹아 있는 고정관념은 공기 같아서 바로 아이의 태도에 흡수되고 말지요.

사회가 부정적으로 변했다고 우리 손주들이 그러한 태도를 갖게 할 수는 없는 일입니다. 할머니부터라도 아이들 앞에서 인간에 대한 존중을 보여줌으로써 아이에게 좋은 태도를 심어주어야겠지요. 아이와 함께 집 밖에 나갔을 때 청소하는 아주머니나 경비 아저씨를 만나면 공손히 인사하고, 주스라도 건네면서 이야기를 나눠보셔요. 식당에서도 종업원들을 무례하게 대하지 마셔요. 외국인 노동자를 만나도 친절하게 대해주세요. 장애인에게 따뜻한 시선으로 도움을 주셔요. 모르는 이웃들에게 목례로 인사를 나눠보셔요. 놀이터에 나온 아이들을 사랑의 눈길로 바라보고 다들 사이좋게 놀도록 격려해주셔요. 아이는 할머니의 행동과 태도를 하나하나 관찰하면서 자기도 모르게 인간에 대한 존중을 배우게 될 거예요.

유혹을 이겨내는 힘

요즈음 세상은 신기하고 새로운 물건으로 가득합니다. TV 어린이 프로에 나오는 광고는 아이를 유혹합니다. 새로운 장난감, 겨울왕국의 공주 옷, 유행하는 캐릭터가 새겨진 상품은 아이들의 눈길을 끕니다. 친구들이 가지고 있는 장난감을 보면 부러움이 치솟습니다. 우리 손주는 신문에 끼어 들어온 광고전단지를 열심히 들여다보더군요. 풍요로운 세상에 태어나 귀하게 자란 우리 손주들은 갖고 싶은 것, 먹고 싶은 것을 참지 못하고 사 달라고 떼를 쓰지요. 그렇다고 모든 것을 사줄 수는 없습니다. 갖고 싶다고 떼를 써도 소용없다는 것을 아이가 배우게 해주세요.

아이가 아직 어려서 자기 조절을 할 수 없고, 가게 물건이 남의 것이라는 것을 이해하지 못할 때는 아이를 유혹하는 장난감 가게에 데리고 가지 않는 것이 좋습니다. 우리 손자가 2살 때 대형 마트에 데리고 갔다가 혼이 난 기억이 납니다. 그날은 마당에 비치하는 놀이기구를 세일하는 기간이었나 봐요. 마트 한가운데 보기만 해도 즐거워 보이는 미끄럼틀과 그네가 매달려 있었어요. 마트 어디를 가도 중앙에 매달려 있는 미끄럼틀과 그네가 눈에 띄었지요. 손자는 그걸 타겠다고 울며불며 소리를 질러댔어요. 어떤 말로도 이해시킬 수 없는 상황이라 쇼핑도 제대로 하지 못하고 우는 아이를 데리고 그곳을 서둘러 떠나야 했어요.

아이가 원하는 것을 즉시 들어주지 말고 기다리는 법을 가르쳐야 유혹을 이겨내는 힘을 길러줄 수 있습니다. 집에 들어오자마자 맛있는 케이크를 먹겠다고 하는 아이에게 먼저 옷 갈아입고, 손 씻은 다음에 케이크를 먹자고 해보세요. 아이는 당장 케이크를 먹고 싶지만 순서를 지켜야 한다는 것을 이해하고 기다릴 수 있습니다. 조금 크면 기다리는 시간을 더 늘려보세요. 아이가 길을 가다가 아이스크림을 먹겠다고 조를 때, 공원에서 놀면 덥고 땀나니까 놀고 나서 집에 오면서 아이스크림을 먹자고 해보세요. 그리고 잊어버리지 말고 꼭 그 약속을 지켜주셔요. 아이는 다음부터 할머니 말을 신뢰하고 기다릴 수 있습니다. 혹시라도 할머니가 약속을 지키지 않으면 아이는 할머니 말을 믿을 수 없으니까 당장 사달라고 떼를 쓰겠지요. 살면서 기다림을 연습할 수 있는 기회는 많습니다.

긍정적인 태도

우리는 모두 행복하게 살고 싶고, 아이들에게도 행복하게 사는 방법을 가르쳐주고 싶습니다. 어떻게 살아야 행복할까요? 셀리그만(M. Seligman)이라는 심리학자는 개인이 가지고 있는 강점을 이용해서 행복을 누릴 수 있다고 합니다. 우리가 인생에서 관심을 가져야 할 것은 불안이나 우울, 스트레스 같은 것이 아니라 자신의 강점과 미덕과 같은 긍정적인 측면이라는 것이지요. 아이가 이미

가지고 있는 긍정적인 측면을 개발해주는 것은 아이의 인생통장에 지적, 사회적, 신체적 자신감을 예금해주는 것이고, 훗날 필요할 때 인출해 쓰면서 행복을 누릴 수 있다고 말합니다.

긍정성에 기본이 되는 것은 바로 안정적인 애착 형성이에요. 양육자와 안정적인 애착을 형성한 아이들은 기본적으로 안정감을 느끼기 때문에 긍정적 태도를 갖고, 새로운 것에 도전할 수 있습니다. 10개월 된 아기들에게 처음 보는 흥미로운 장난감을 주었을 때, 모두 처음에는 경계하고 다가가지 못하지만 애착을 안정적으로 형성한 아기는 엄마나 할머니가 있는 것을 확인하고 나면 장난감에 다가가 놀기 시작하지요. 애착을 잘 형성하지 못한 아기는 계속 불안해서 다가가지 못해요. 이렇게 부정적인 태도를 갖게 될 때, 아이는 세상을 탐색하지 않게 되고 능력이 뒤떨어집니다.

긍정적 태도는 호기심을 갖게 해주고, 새롭고 창의적인 사고를 할 수 있게 해주기 때문에 인생에 큰 힘이 되어요. 아이에게 긍정성을 길러주기 위해서는 아이가 긍정적인 특성을 보여줄 때 칭찬해주고 관심을 기울여주셔요. 어른들은 아이가 혼자 잘 놀면 관심을 보이지 않다가 울고 짜증 내면 달래고 관심을 보여주죠. 이렇게 해서는 부정적 특성만 길러집니다. 아이가 즐겁게 잘 놀 때 할머니가 아이의 동작을 따라 해보셔요. 아이에게 큰 상이 되어 즐겁고 긍정적인 특성이 지속됩니다.

'안 돼'라고 말하는 상황을 만들지 않는 것도 중요합니다. 아이가 만져서는 안 되는 물건을 아이 앞에 놓고는 못 만지게 하지 말고, 그런 물건은 미리 치우는 것이지요. 아이가 먹어서는 안 되는 음식은 할머니도 아이 앞에서 먹지 않고요. 세심한 배려가 아이의 긍정성을 키워줍니다.

도덕성은 반드시 갖춰야 하는 능력이다

최근에 우리는 참으로 우울한 사건을 많이 겪었습니다. 세월호 선장과 선원은 승객들을 버려두고 자기들만 살겠다고 도망 나오고 국민 모두가 실황중계를 보고 있는 가운데 구조는 시도되지도 못한 채 배가 침몰하고 말았지요. 훌륭한 부모에게서 태어나 최고 대학에서 유능하다고 알려진 교수가 많은 여학생을 상습적으로 성추행해 수감되었습니다. 어머니나 가족을 돈 때문에 살해하는 사건도 심심찮게 일어나고 있습니다. 초등학교 저학년부터 왕따와 학교폭력 때문에 학교에 다니는 것을 두려워하는 아이들이 늘고 있습니다. 문제는 이런 일이 우리 사회에 비일비재하다는 것이에요. 어쩌다 이 지경이 되었을까요? 사람은 원초적으로 이기적이고 악한 존재라서 그런 걸까요?

곰곰이 생각해보면 이렇게 된 데는 배후가 있을 겁니다. 그동안 우리 사회가 '성장제일주의'로 달려오면서 '무슨 수를 써서라도 남과 경쟁해서 이겨야 한다,' '공부만 잘하면 모든 것이 용납된다,' '돈만 많으면 도덕성은 문제가 안 된다,' '남을 돕다가 손해 볼 수는 없다'는 가치관이 모두의 마음에 똬리를 틀고 있기 때문이겠지요. 지금의 우울한 현실은 그렇게 살아온 결과가 아닐까요. 아무리 능력이 있고 돈이 있어도 범죄자가 되면 직장도 잃고 미래도 잃게 되지요. 아무리 지식이 많고 유능해도 인간답지 않으면 좋은 배우자를 만날 수도 없고, 친구도 없어 외롭고 행복하지 못합니다. 그런 사람이 많아질수록 우리 사회는 더 어둡고 불행해지고 맙니다.

앞으로의 시대에 유능한 사람이란 지적인 능력뿐 아니라 도덕적인 인격을 갖춘 사람일 것이라고 믿어요. 국민소득 3만 불 시대라고 하는데, 이제 우리 사회가 지향하는 것은 '잘살아보세'라는 구호가 아니라 더 성숙하고 정의로운 사회일 거예요. 도덕적인 인격을 갖추는 것이 인간의 성장에서 가장 근본이 되어야겠지요.

그렇다면 지금 우리는 아이들에게 무엇을 어떻게 가르쳐야 할까요? 첫 3년 손주를 봐주면서 어떻게 도덕적인 인격의 기틀을 마련해줄 수 있을까요?

공감하는 능력을 키우려면

이 세상은 혼자 살아가는 곳이 아니라 함께 모여 살아가는 곳이기 때문에 서로서로 도와야 사회가 유지됩니다. 세월호 사태는 책임 있는 사람들이 자기 이익만 생각할 때 어떤 일이 벌어지는지를 보여주었지요. 그렇다면 이타성이나 도움행동은 언제부터 가능하고, 어떻게 길러질 수 있을까요?

다른 사람을 돕는 행동은 고통을 공감하는 데서 시작됩니다. 다른 사람의 고통이 느껴지지 않으면 도울 수도 없어요. 사이코패스는 공감 능력이 없기 때문에 잔인한 행동을 하고도 양심의 가책을 느끼지 않는다고 하지요. 과거의 심리학 이론은 두 살 이전의 아이들은 공감 능력이 없고 도움행동이 가능하지 않다고 생각했어요. 그렇지만 최근에는 아주 어린 아기들도 공감 능력이 있어서, 다른 사람이 고통스러워하는 모습을 보면 아이도 고통을 느낀다는 것이 밝혀졌어요. 아주 어린 아이도 다른 사람이 괴로워할 때 괴로움을 덜어주려고 노력하고, 다른 사람이 기뻐하면 함께 기뻐하지요. 아이는 다른 사람에게 기쁨을 주려고 노력하기도 합니다. 사람을 보고 먼저 웃어주고, '끼득끼득' 소리를 내지요. 엄마에게 안겨서 모르는 사람에게 '까꿍 놀이'를 먼저 시도하기도 하구요. 자기가 먹던 침 묻은 과자를 할머니 입에 넣어주기도 합니다. 한번은 제가 유리그릇을 마룻바닥에 떨어트렸는데 두 살도 안 된 손자가 얼른 달려와서는 "괜찮아요?"라고 물으며 걱정스러운 표정으로 저를 쳐다보더군요.

이런 공감 능력이 어디서 오는지 아십니까? 아이가 받은 사랑과 애정, 배려가 바로 그 바탕이 됩니다. 아기는 신생아 때부터 모방 능력이 있어서 혀를 내밀면 같이 혀를 내밀고 하품을 하면 따라서 하품을 합니다. 바로 그런 모방 능력에 힘입어서 아이는 어른이 보여준 사랑과 배려를 배우고 표현합니다. 아플 때 옆에서 걱정해주고, 울 때 달래주는 경험을 한 아이는 엄마나 할머니가 울 때 따라 울고 아파서 힘들어 할 때 옆에서 아픈 표정을 지으며 달래줍니다. 할머니가 걸레질을 하면 같이 걸레질을 하고, 슬퍼하면 등을 토닥거리며 위로하는 행동을 합니다.

저는 미국의 한 패스트푸드 식당에 있는 실내놀이터에서 어린 아이들이 돕는 행동을 배우는 과정을 생생하게 볼 수 있었어요. 그곳은 날이 춥거나 비가 와서 야외에 나가지 못할 때 커피 한 잔 사서 놀이터 구석 테이블에 앉아 아이가 노는 모습을 지켜볼 수 있는 공간이었지요. 그 놀이터는 1미터가 한 층을 이루는 6층으로 된 구조물로, 각 층에는 여러 개의 방이 있고 각 방에는 놀이기구가 있고, 6층 꼭대기 방에서 미끄럼을 타고 바닥까지 내려오도록 설계되어 있었어요. 그런데 아래층에서 위층 방으로 올라가는 계단이 없기 때문에 아이들은 팔과 다리를 최대로 벌려 윗방으로 기어오르거나 높이뛰기를 해서 올라가야 했어요. 큰 아이, 작은 아이들이 함께 어울려 놀았는데, 작은 아이들이 윗방에 못 올라가고 낑낑거리면 큰 아이들이 와서 자연스럽게 작은 아이의 궁둥이를 받쳐주며 올라가도록 도와주었어요. 우리 손주도 처음 본 형이나 누나들의 도움을 받아서 올라가더니 고맙다고 인사를 하고, 저보다 작은 아이가 윗방으로 못 올라가 쩔쩔매면 밑에서 받쳐주며 돕더군요. 그렇게 서로 도움을 주고받으면서 작은 아이와 큰 아이들이 금방 친해져 재미있게 놀았습니다. 아이들에게 도움행동이 전염되고, 자연스럽게 고맙다는 표현도 하게 된다는 것을 눈으로 확인할 수 있었지요.

아이는 주변 사람들이 이웃이나 친구들을 배려하는 모습을 보고, 또 사랑받으면서 공감하는 능력을 키우고 도움 수는 행동을 하게 됩니다. 다른 사람의 고통에 공감을 해도 그 고통이 불편해서 모른 척하거나 피해 버리는 경우도 많지요. 그러나 돕는 행동을 많이 보고 자란 아이들은 다른 사람의 아픔을 공감하면 자연스럽게 돕는 행동을 하게 됩니다. 아이가 돕는 행동을 했을 때 주변 사람들이 웃는 얼굴로 인정을 해주고 사랑스럽게 바라만 봐주어도 아이는 자기가 좋은 행동을 했다는 것을 알고 기분이 좋아져요. 남을 도우면서 행복해진다는 것을 배우게 되는 것이지요.

손주를 마음 따뜻한 사람으로 키우고 싶으셔요? 그러면 할머니부터 아이를 따뜻하게 배려해주시고, 남들을 돕는 모습을 많이 보여주셔요. 그리고 이미 아기가 갖고 있는 공감 능력과 도움행동의

싹을 자르지 마셔요. 할머니를 돕는다고 걸레를 들고 쫓아다닐 때, 청소기를 뺏어 제가 민다고 할 때, 밥하는 걸 도와준다고 옆에서 설칠 때가 있습니다. 사실 일의 효율성에서 보면 도움이 아니라 방해가 되지만 그 행동을 고맙게 받아주는 것이 좋습니다. 아이가 돕다가 실수했을 때 야단치지 말고 다른 사람을 도울 때 어떻게 돕는 것이 좋은지 방법을 알려주는 계기로 삼으셔요. 보고 듣고 흉내 내면서 남을 이해하고 돕는 마음이 자라게 됩니다.

분노와 공격성은 좌절감에서 온다

분노는 아주 기본적인 정서입니다. 아기들도 일찍부터 분노를 보입니다. 분노 표현은 4개월부터 시작되어 첫 2년 동안 더 많아지고 강도도 세집니다. 아직 감정이 미숙한 아이는 슬픈 마음이나 우울함을 분노로 표현할 수 있어요. 워킹맘을 둔 아이들은 엄마가 집에 없다는 사실 때문에 우울하고 슬퍼서 화를 낼 수 있습니다. 특히 할머니가 돌봐주면서 아이와 재미있게 놀아 주지 않고, 말도 안 걸고 뚱하게 자기 할 일만 하면 아이는 충분히 사랑받지 못한다는 느낌을 받습니다. 그러면 마음속에 슬픔이 쌓이고 이것이 분노로 변할 수 있습니다.

아이를 봐주면서 집안일보다는 아이에게 집중해야 합니다. 아이는 어른이 가까이에서 관심을 가져주고 놀아주기를 바랍니다. 우리 손주도 눈만 뜨면 "할머니, 심심해. 뭐하고 놀까?" 하고 말하곤 했어요. 놀아줘도 놀아줘도 하루 종일 질리지도 않고 놀기를 바라는 게 아이들이지요. 아이들은 눈을 맞추고 익살스런 표정으로 즐겁게 해주는 사람을 좋아해요. 그런데 할머니가 말도 없이 집안일만 하면서 아이를 성가셔 하면 아이는 대번에 그것을 알아차리고 슬프고 속상하고 화가 날 수 있습니다. 아이가 화가 났다면 왜 화를 내는지 생각해보고, 아이의 감정을 존중해주어야 합니다.

이처럼 분노가 속상하고 좌절해서 생기는 정서 상태라고 한다면, 공격행동은 좌절 때문에 다른 사람을 상하게 하거나 물건을 부수려는 행동입니다. 한 살짜리 아기도 자기가 원하는 장난감을 가지기 위해 다른 아이를 때리거나 뺏는 행동을 합니다. 이 시기에 나타나는 공격성은 주로 장난감을 갖거나 놀이터에서 자리를 차지하려고 또래에게 보이는 '수단적인 공격성'이지요. 그러나 2~3세가 되면 공격성의 유형이 변해 '적대적인 공격성'이 나타납니다. 때리고 발로 차고, 물어뜯고, 모래를 집어던지는 행동이 나타나지요. 3세까지는 주로 행동으로 공격성이 나타납니다. 이후에는 간접적인 방식이나 말로 나타나지요.

모방과 공감을 통해 도움행동을 배우는 것처럼 아이는 다른 사람들의 나쁜 행동을 보면서 분노와 폭력을 배웁니다. 아이는 남이 화를 내니까 따라서 분노할 수 있어요. 이런 분노는 폭력으로 이어질 수 있지요. 특히 가족은 공격성을 배우는 근간이 될 수 있습니다. 어머니의 훈육에 관한 연구를 보면, 분노가 많고 처벌적인 어머니에게서 자란 아이는 대개 분노가 많다고 합니다. 매를 맞고 자라는 아이는 다른 아이들에게 더 공격적입니다. 아이들은 맞으면서 다른 사람을 때려서 통제할 수 있다고 배우는 것이지요. 분노와 폭력을 보고 배운 아이는 놀이터에서 다른 아이와 우연히 부딪쳐 넘어졌을 때 상대가 자기를 일부러 넘어트렸다고 생각하고는 화를 내고 싸우려고 덤벼듭니다. 학대 받는 아이가 더 공격적이고 반항적으로 되는 거지요.

어린 시절의 공격성은 그리 위험하지 않을 수 있습니다. 이런 아이가 사춘기가 되어 몸이 커지고 힘이 세지고 호르몬의 영향까지 받으면 걷잡을 수 없어요. 청소년 비행의 뿌리에는 어린 시절 강압적인 양육을 받았거나, 사소한 잘못에 대해 크게 야단을 맞고 체벌을 당한 경우가 많다고 합니다.

그런 점에서 TV나 비디오 게임 역시 공격성을 모방하도록 부추길 수 있습니다. TV 프로그램과 비디오 게임에는 공격적인 내용이 많이 들어 있으니까요. 점점 더 자극적으로 만들어야 재미있다고 보니까 요즘 TV 프로그램은 과거보다 더 공격적이에요. 요즈음엔 채널이 많아서 아이들 프로그램도 많은데, 특히 남자아이들이 좋아하는 프로그램은 싸우고, 부수고, 죽이고, 칼과 총을 쏘는 내용이 안 들어간 것이 거의 없더군요. 공격적인 영화나 TV 프로를 보고 나면 공격적인 행동이 늘어난다는 연구가 수없이 많아요. 그런 프로를 보고 나면 외부의 작은 자극에도 쉽게 화내고 공격성이 촉발되기 쉽지요. 비디오 게임도 마찬가지예요. 총이나 화살을 쏘아 맞히는 게임을 하고 나면 현실에서 돌을 던지고 물건을 던지는 것이 게임처럼 느껴질 수 있습니다. 그런 공격행동이 잘못되었다고 생각하지 못하고 당연하게 여길 수 있습니다.

　아이가 자기 뜻을 관철시키기 위해 공격적인 행동을 했는데 그것이 받아들여시고 효과직이라고 생각히면 공격행동을 계속하게 됩니다. 친구와 놀면서 장난감을 뺏으려고 친구를 때렸는데 맞은 친구가 울면서 양보하면 다음에도 장난감을 뺏으려고 공격적인 행동을 하게 되겠지요. 그러면서 자기가 힘을 가진 것처럼 느낄 거예요. 또 아이들은 하고 싶은 것을 못하게 되었을 때 어떻게 해야 할지를 몰라서 공격행동을 할 수도 있습니다. 공격적이지 않은 다른 방법을 배울 기회나 자기주장을 할 수 있는 기회를 주어야 합니다.

　공격적인 사람을 좋아할 사람은 없습니다. 아이라 해도 공격적이면 주변 사람들이 사랑해주기 어렵습니다. 그러면 아이는 자신에게 원인이 있다는 것은 모르고 사람들이 자기를 적대적으로 대하는 데 대해 분노하고 공격적이 될 수 있어요. 악순환이 일어나는 것이지요. 이런 악순환은 어려서 끊어주는 것이 중요합니다.

아이의 분노와 공격성을 다루는 비결

아이가 화를 낼 때 벌을 주려고 하지 말고 왜 분노하는지를 이해할 필요가 있습니다. 무작정 "이건 나빠"라고 말하지 말고 "화가 많이 났지?"라고 물으면서 그 상황을 생각해보세요. 아이가 말로 표현할 수 있다면 아이의 말을 들어보셔요. 특히 엄마가 직장에 나가고 마음이 힘든 아이는 할머니마저 충분한 사랑을 베풀지 않는다고 생각할 때 좌절감을 느끼고 분노할 수 있습니다. 아이가 사랑받고 있다는 것을 충분히 보여주셔요.

아이가 공격적인 행동을 할 만한 상황에서 다르게 행동했다면 그때를 놓치지 말고 칭찬해주셔요. 다른 친구와 장난감을 가지고 승강이를 벌이다가 상대에게 양보하고 다른 장난감을 가지고 놀 때 칭찬을 해주는 것이지요. 물론 할머니 마음속에서는 '바보같이 왜 장난감을 뺏겨?'라는 생각이 들 수 있습니다. 그러나 할머니가 양보에 더 가치를 두고 칭찬을 하면 아이는 장난감을 차지하는 것보다 더 가치 있는 것을 얻게 됩니다. 도덕성의 뿌리를 내리게 되는 것이지요.

아이가 할머니의 눈길을 끌기 위해 화내고 던지는 행동을 하는 경우, 반응하지 말고 무시합니다. 어른의 눈길을 끌기 위해서 난폭한 행동을 할 때 나무라고 야단치면 아이는 어른을 약 올리기 위해 눈치를 봐가며 그런 행동을 더 할 수도 있어요. 그런 경우 무시하는 것이 낫지요. 처음에는 무시하다가 나중에 못 참고 야단치면 더 안 좋아요. 무시하려면 일관되게 그 행동만 무시해야 합니다. 예를 들어 물건을 던지는 잘못된 행동은 무시하더라도 아이를 모른 체 하거나 다른 행동까지 무시하지는 않아야 되겠지요.

아이가 화가 났을 때 몸으로 화를 방출하도록 해주세요. 에너지가 넘치는 아이는 신체적인 활동이 필요합니다. 이럴 때 놀이터라도 가서 미끄럼도 타고 그네도 타면 기분도 전환되고 화났던 에너지도 툴툴 털어낼 수 있어요.

공격성을 조장할 수 있는 환경을 피해주셔요. 공격적인 행동은 거칠고 유혹이 많은 상황에서 조장될 수 있습니다. 공격성을 유발할 수 있는 총이나 칼과 같은 장난감을 없애고, 다른 놀잇감을 가지고 놀게 하는 것이 좋습니다. 부부싸움을 할 때 옆에 칼이나 무기가 있으면 싸움이 더 격렬해진다고 해요. 그러니 아이에게 공격적인 장난감은 처음부터 사주지 않는 것이 좋습니다. 놀이터에서 거친 아이들이 놀고 있으면 얼른 데리고 다른 공간으로 가는 것이 좋습니다. 아이들은 큰 아이들이 하는 것을 보고 금방 따라 하니까요.

좁은 공간에 너무 많은 사람이 있을 때, 규칙이 너무 많고 제재가 많을 때 분노가 생기고 공격적일 수 있어요. 예를 들어 사람이 많은 놀이터나 놀이공원에 가서 놀이기구를 타려고 줄서서 오래 기다렸는데 자기 앞에서 이제 시간이 다 되었다고 문을 닫아버리면 아이들은 분노하고 공격적으로 되지요. 그런 경우 미리 상황을 예측하고 빠져나오는 게 좋습니다. 미리 빠져나오지 못한 경우 상황을 설명해주셔요.

아이가 완전히 통제력을 잃었을 때는 자신이나 남을 해치지 않도록 다른 곳으로 데리고 가는 것이 좋습니다. 해서는 안 되는 행동에 대해서는 '안 돼'라고 분명하게 말해주셔요. 왜 안 되는지를 분명히 설명하고 강조합니다. 그리고 일관성을 지킵니다. 아이가 공격적인 행동을 했을 때 어느 날은 엄격하게 벌을 주고, 다음 날은 무시하는 식으로 반응하면 아이는 혼란스러워 더 공격적으로 됩니다.

아이에게 좋은 행동의 본을 보여주고, 공감 능력을 키워주셔요. 아이도 이미 공감 능력이 있으니 다른 아이를 때렸을 때 상대방이 얼마나 아플지를 상상하게 해주세요. 자기가 맞았을 때 아팠던 기억을 되살리게 해주면서 상대방이 얼마나 아프고 마음이 슬플지를 느껴보게 해주셔요. 사랑과 공감은 분노와 공격성을 잠재우는 마법의 힘이 있습니다.

PART 4

할머니가 꼭 알아야 할 육아 상식

다시 배우는 갓난아기 돌보기 기술

아기의 건강을 위해 이것만은 체크하자

편식하지 않는 아이로 키우는 방법

미운 두 살, 자기 주도성이 자라는 시기

배변 훈련, 준비가 됐는지 궁금하다면

TV와 비디오는 아기에게 위험하다

말을 배우는 결정적인 시기가 있다

어린이집에 보내기 전, 떨어지는 연습이 필요하다

다시 배우는 갓난아기 돌보기 기술

젊은 부모가 아기를 할머니에게 맡기는 이유는 할머니만큼 믿고 의지할 사람이 없다고 생각하기 때문이지요. 특히 발달이론을 보면 인생의 첫 3년 동안 애착관계를 잘 맺었느냐가 평생의 인간관계를 좌우한다고 하는데, 진심으로 아기를 위하는 할머니가 아기를 맡아 키워준다면 부모가 키우는 것보다 더 안심이 될 수도 있습니다. 실제로 조부모가 키운 아이들이 사회성도 좋고 인성도 좋다고 하지요.

할머니는 이미 아기를 키워본 경험이 있지만 벌써 오래 전 일이고, 양육 방식도 참 많이 바뀌었어요. 게다가 인터넷 정보를 굳게 믿고 있는 요즘의 젊은 엄마, 아빠들은 아기를 맡기면서도 할머니를 믿지 못하고 요구가 많지요. 엄마 노릇도 전문화된 시대니 만큼 할머니 노릇도 옛 방식만 고집할 것이 아니라 공부하면서 전문적으로 해주어야 합니다.

아기를 맡아 키워주기로 마음먹었다면 엄마가 아직 직장에 복귀하지 않았더라도 틈틈이 도와주면서 갓난아기와 관계를 맺으며 준비하는 것이 좋습니다. 사실 아기를 길러본 지도 하도 오래 전이라 갑자기 혼자 아기를 맡는 일은 두렵거든요. 할머니가 아기를 돌보기 시작하는 시점도 중요한 문제입니다. 대부분 워킹맘이 3개월 정도 출산휴가를 받으므로 3개월 이후부터 할머니가 아기를 돌보기 시작하면 수월합니다. 7~8개월 이후부터 아기를 돌보기 시작하면 낯가림이 시작되어 아기도 할머니도 어려움을 겪을 수 있어요. 그런 경우는 할머니가 미리 아기와 접촉하는 시간을 많이 가져 아기가 할머니를 편안하게 여기도록 하는 것이 좋습니다.

수유 시간 15분, 애착이 형성되는 골든타임

모유 수유가 영양상으로나 아기의 정서적 안정에 가장 좋다고 알려져 있지만 직장에 나가는 엄마에게 모유 수유를 강요하기는 어렵습니다. 엄마가 원한다면 산후휴가 동안만이라도 모유 수유를 시도하는 것이 좋겠지요. 모유가 건강에 적합한 영양소를 가지고 있고, 소화도 잘되고, 알레르기 반응도 덜 일으키며, 질병에 대한 저항력을 길러준다고 하니까요. 그걸 알아서인지 아기는 생후 6일만 되어도 엄마의 젖 냄새를 알고 엄마 냄새를 더 좋아합니다.

그뿐 아니라 모유 수유를 하면 신체 접촉으로 엄마와 아기의 유대감 형성에 도움이 되고 아기에게 정서적 안정감을 줍니다. 아기는 가까운 거리에 있는 물건을 볼 수 있는 능력이 있는데, 젖 먹이는 사람의 얼굴을 알아볼 만큼의 시각 능력을 가지고 있지요. 6주쯤 되면 다른 물체보다 사람 얼굴을 더 쳐다보며 눈에 초점을 맞춥니다. 청각 능력도 많이 발달되어 사람 목소리를 좋아하고 여성의 높은 목소리에 주의를 기울여요.

엄마 젖을 먹던 아기에게 젖병을 물리면 안 먹으려고 할 수도 있습니다. 엄마가 직장에 나가야 하는 경우 산후휴가 동안에 중간중간 젖병으로 먹는 연습을 시키는 것이 좋습니다. 그래야 아기가 할머니와 수월하게 지낼 수 있지요. 모유를 고집하는 엄마들은 출근하기 전에 모유를 짜서 냉장고에 넣어두기도 하지요. 분유를 먹이는 경우, 아기에게 잘 맞는 브랜드를 찾는 것도 중요합니다. 우리 손자는 어떤 상표의 분유를 먹으면 소화도 못 시키고 얼굴에 아토피 증상이 나타나더군요.

엄마를 대신해준다는 것은 엄마의 마음으로 아기를 돌봐주는 일이지요. 초기에는 우유를 먹일 때 엄마가 모유 수유를 하는 자세로 안고 먹이는 것이 아기와 애착 형성에 좋습니다. 그렇지만 아무리 갓난아기라도 한참 안고 있으면 팔이 뻐근하고 저려옵니다. 아기에게 젖 먹이는 시간이 15분 정도 걸리는데, 그 시간 동안 아기를 한쪽 팔에 안고 다른 쪽 손에 우유병을 들고 있는 일이 만만치 않지요. 소파에 쿠션을 준비해 놓고 편안하게 앉아서 한쪽 팔을 괴고 아기를 안으면 훨씬 편하게 우유를 먹일 수 있습니다.

아기는 우유를 빨다 멈추기를 반복하기도 합니다. 새로운 소리가 들리거나 힘들고 숨이 가쁘면 빨기를 멈추기도 하고, 젖꼭지를 뺏다 넣었다 장난도 하면서 수유 시간이 늘어날 수 있습니다. 그럴 때 성급한 마음에 아기 엉덩이를 톡톡 치거나 젖꼭지를 입에 밀어 넣어주면 아기는 곧 빨기를 다시 시작합니다. 그러나 이렇게 급하게 외부 압력으로 젖을 먹는다면 즐거운 먹기가 아니라 생존을 위해 먹어야 하는 일로 바뀌고 말 거예요. 그리고 자율성이 박탈되는 이 경험이 무의식적인 기억으로 남지 않을까요? 좀 더 느긋하게 아기의 능력에 맞춰주는 기다림이 필요합니다.

우유를 다 먹이고 난 뒤에는 꼭 아기를 세워 안고 등을 쓸 듯이 토닥거려 트림을 시켜주세요. 그렇지 않으면 젖 먹으면서 함께 삼킨 공기 때문에 토하기 쉽고, 소화가 안 되어서 잠도 깊이 못 자고 징징거립니다.

수유 시간은 어찌 보면 어른에게 무료한 시간이 될 수 있습니다. 이때 재미난 TV 프로그램이라도 보면서 시간을 보내고 싶다는 생각이 들 수 있어요. 안 그래도 친구도 못 만나고 무료한데, 아기가 우유 먹으면서 잠잠한 시간만이라도 TV를 보고 싶지요. 그렇지만 TV에 빠져들다 보면 아기와 상호작용을 할 수 없고, 아기를 소홀하게 대하기 쉽습니다. 우유를 먹으면서 아기는 할머니 눈을 쳐다보며 반응해주기를 기다리는데, 할머니 눈이 다른 데를 향하고 있다면 아기는 무엇을 배우게 될까요? 기왕 손주를 봐주기로 했다면 우유 먹이는 시간에도 안고 눈을 맞추고, 이름을 불러주고, 아직 못 알아듣더라도 말을 걸고 좋은 이야기를 들려주세요. 그래야 아기가 정서적으로 안정되고 사람들을 신뢰할 수 있습니다.

잠재우기, 방법보다 일관성이 관건

잠은 아기의 뇌 발달과 뇌신경이 형성되는 데 영향을 미칩니다. 신생아는 하루 18시간 잠을 자고, 2~3시간마다 깨서 중간 중간 수유를 합니다. 8주 정도 되면 낮보다 밤에 더 많이 자고 밤중 수유는 줄어듭니다. 6개월 정도 되면 밤에 10~11시간 정도 잠을 자고, 낮잠은 아침에 한 번, 오후에 한 번으로 줄어듭니다. 18개월 정도 되면 오전 잠은 거의 없어지고 오후 낮잠을 자며, 밤에 10~11시간 정도 잡니다. 이런 패턴은 거의 3세까지 이어져, 낮잠을 한 번 잡니다.

아기가 쉽게 잠들고 깊이 자면 양육자가 좀더 편안하게 휴식을 취할 수 있겠지요. 아기가 잠투정이 심하고 쉽게 잠이 들지 못하면 돌보는 사람이 지치고 힘이 듭니다.

아기를 잘 재우는 방법은 없을까요? 잠재우는 방법에 대해 수면 습관을 들이라는 입장과 애착을 강조하는 입장이 있습니다. 어느 것이 더 좋다, 나쁘다고 말하기는 어렵군요. 두 가지 입장 모두 나름대로 장점이 있으니까요.

수면 습관을 강조하는 전문가들은 수면 훈련은 4~6주부터 시작하는 게 좋다고 말합니다. 수면 습관을 갖게 한다는 것은 다른 사람의 도움 없이 아기 혼자 스스로 잠들게 하는 방법이지요. 아기가 완전히 잠들기 전에 눕혀서 혼자 자도록 훈련시키는 것입니다. 6주가 지나면 아기는 전보다 더 길게 잘 수 있는데, 아기가 졸려 하는 시간대를 알아내서 정해진 시간에 잠들도록 유도해 재우는 거지요. 그러기 위해서는 어떻게 해야 아이가 잠이 잘 드는지 그 방법을 파악하는 게 중요합니다. 자장가를 조용히 불러준다거나, 머리를 쓰다듬어 주거나, 토닥토닥 두드려주거나, 고무젖꼭지를 물리는 등 아기가 편안해하고 좋아하는 방법이 무엇인지 알아내 반복하는 것입니다. 수면 훈련을 시킬 때는 아기를 안아서 재우지 말고 눕혀서 재우라고 합니다. 안거나 업고 재우기 시작하면 항상 업어주고 안아주어야만 잠이 드는 습관이 생길 수도 있으니까요. 처음에 아기를 눕히면 울 수도 있지만, 울면 조금 안아주고 다시 눕혀서 재우는 것입니다. 너무 밝은 빛은 수면을 방해하므로 낮에는 커튼을 치고, 밤에는 불을 끄고 보조 등만 켜고 어두운 상태에서 재웁니다. 중간에 깨서 우유를 먹거나 기저귀를 갈고 난 후에도 같은 방식으로 재웁니다. 낮이나 밤이나 같은 방식으로 습관을 들이는 것이 좋아요. 낮잠을 잘 때도 밤에 자는 제 이부자리에서 자도록 하며, 조용한 환경을 만들어줍니다. 이렇게 습관이 들면 아기는 혼자서 잠이 들고, 좀 더 길게 잘 수 있지요.

반면 애착 전문가들은 아기를 많이 안아주는 것이 애착 형성에 중요하다고 말합니다. 따라서 아기를 재울 때도 아기띠로 안고 집안일을 하거나 산책을 하면서 잠을 재우면 아기가 편하게 잘 수 있다고 하지요. 아기를 안고 움직일 때 아기의 귓속 전정기관이 자극을 받는데, 그 자극은 아기가 숨 쉬고 자라는 데 도움이 되며, 생리 기능을 조절하고 운동신경을 발달시킨다는 것입니다. 엄마가 퇴근하고 와서 피곤하더라도 엄마 옆에서 아기를 재우는 게 좋다고 조언합니다. 낮 시간에 떨어져 있었기 때문에 밤에 잠이라도 같이 자야 엄마의 부족한 스킨십을 채울 수 있다는 것이지요. 애착 전문가들의 주장은 지금 할머니가 된 우리들이 오래 전 아이를 키운 방식이 아이에게 안정감을 주는 방법이라고 말합니다.

두 가지 중 어떤 방법을 선택하든 정해진 시간에 동일한 방법으로 재우는 것이 아기에게도 부모와 할머니에게도 편합니다. 일관성 없이 이 방법 저 방법 오락가락하면 아기는 적응하지 못하고 떼만 늘 수가 있습니다.

특히 직장에서 늦게 들어온 엄마, 아빠가 늦도록 밤에 자지 않고 불을 밝혀놓고 일을 하거나 TV를 보고 떠들면 아기도 밤에 잘 시간을 놓치고 피곤해서 잠투정이 심해질 수 있습니다. 들쑥날쑥 잠시간이 달라지는 것은 아기의 성장에 도움이 되지 않습니다.

'아이는 울리면서 키운다'는 생각은 위험하다

아기를 돌보면서 어려운 일 가운데 하나는 울음의 의미를 알아채고 아기의 요구를 들어주고 달래는 일이지요. 아기가 방끗방끗 웃기만 하면 좋겠지만 생후 3개월 동안 가장 자주 울지요. 울음은 다른 의사소통 능력이 발달되지 않은 아기가 자신의 상태를 알리는 중요한 신호입니다. 배고픔, 젖은 기저귀, 졸림, 짜증, 아픔 등을 모두 울음으로 나타냅니다.

할머니들은 아기를 길러본 경험과 지혜로 아기 울음의 신호를 비교적 잘 파악하는 것 같아요. 제일 먼저 기저귀가 젖었는지를 확인하고, 젖 먹을 시간쯤에 울면 아기 입술에 손을 대보고 입이 돌아가면 배고프다는 신호라는 것을 알아차리지요. 또 눈을 비비면서 칭얼거리면 졸음이 와서 운다는 것을 알 수 있습니다. 건조한 아파트에서 얼굴이 붉어지고 땀을 흘리면서 울면 덥거나 목이 마르다는 신호지요. 큰 소리, 갑작스러운 움직임, 강한 불빛에 놀라서 크게 울기도 합니다.

아기 울음은 대부분 불편하다는 것을 말하는 신호니까 울음의 의미를 잘 알고 빠르게 반응해주는 것이 중요합니다. 돌봐주는 사람이 자신의 울음에 반응을 잘해주어야 양육자를 신뢰하게 되고, 세상을 안전하고 믿을 만한 곳이라고 느끼게 되니까요. 양육자가 울음에 즉시 반응해주면 아기는 이후에 울지 않고 의사표현을 더 잘하게 됩니다.

젊은 엄마보다 행동이 더딘 할머니는 빨리 반응한다고 서두르다가 사고가 날 수 있으니 미리미리 준비해 놓고 대처하는 것이 좋습니다. 분유 탈 따뜻한 물과 분유통, 기저귀를 아기 가까이에 두세요. 다른 일을 하다가 빨리 아기 곁에 갈 수 없다면 말로라도 아기에게 대꾸해주는 게 좋아요. 저는 손주에게 우유병을 보여주면서 "조금만 기다려, 금방 우유 타줄게"라는 식으로 반응해주니까 점점 기다리는 능력을 갖게 되더군요.

자기 울음에 아무 반응이 없을 때 아기는 짜증을 내고 더 심하게 웁니다. 심한 울음소리를 듣고서야 양육자가 반응하면 아기는 더 큰 소리로 울어야 반응이 온다는 것을 학습하고는 더 심하게 울고 신경질적으로 되지요.

20분 이상 우는 것을 방치하면 스트레스 호르몬이 나와 뇌에 나쁜 영향을 미칠 수 있습니다. '아기는 울려서 훈련시켜야 된다'라는 생각으로 심한 울음에도 반응해주지 않으면 아기는 자기 울음이 쓸모없다는 것을 알아차리고 울지도 않게 되지요. 이것을 훈련의 결과로 보아서는 안 됩니다. 자기가 보내는 울음이 소용없다는 것을 알아차리면 옹알이나 미소와 같은 감정 표현도 하지 않을 수 있어요.

우유도 먹고, 기저귀도 갈고, 잠이 오는 것도 아닌데 심하게 우는 경우 이유가 무엇인지 찾아내야 합니다. 너무 춥거나 더운 건 아닌지, 어디 다친 건 아닌지 살펴보셔요. 다리를 버둥거리며 배쪽으로 다리를 당기면서 끊임없이 우는 경우, 영아산통을 의심해 볼 수 있습니다.

고무젖꼭지의 몇 가지 장점과 치명적인 단점

공갈젖꼭지라고도 하는 고무젖꼭지는 무엇이나 빨려고 하는 아기를 안정시키고 달래는 데 효과가 있습니다. 특히 태어난 첫 해는 입으로 빠는 것을 좋아해서 무엇이나 빨려고 하지요. 자기 입술을 빠는 아기도 있고, 손을 움직일 수 있는 능력이 생기면 자기 손가락이나 주먹을 빨기도 하고 장난감을 빨면서 안정을 취합니다. 그 까닭에 아기를 재우거나 달랠 때 고무젖꼭지를 물리면 편안하게 재울 수 있고 울음을 그치게 할 수 있습니다. 저도 딸들을 키울 때 고무젖꼭지를 많이 물렸어요.

게다가 잠자는 아기에게 고무젖꼭지를 물려주면 돌연사 위험을 90%까지 줄일 수 있다는 연구 결과도 있습니다. 요나 이불이 얼굴을 덮는 위험을 고무젖꼭지의 손잡이가 줄여준다는 것입니다.

최근에는 고무젖꼭지를 오래 빨면 중이염의 위험이 높고, 치아에도 문제가 생길 수 있다고 경고합니다. 물론 치아교정용 고무젖꼭지도 나오기는 했지만, 그 효과는 아직 모른다고 하네요. 게다가 어떤 전문가는 고무젖꼭지를 오래 사용하면 말이 늦거나 발음 장애가 올 수도 있다고 말합니다. 고무젖꼭지를 많이 빨면 구강구조가 변할 수 있고, 심한 경우 입천장까지 변화시킬 수 있다고 해요. 또 그것을 빠느라 옹알이가 줄어들고, 발음 연습을 하지 못할 수도 있다고 해요.

지금은 고무젖꼭지도 여러 유형이 있어요. 엄마 젖처럼 부드러운 것도 있고, 치아교정 기능을 가진 것도 있고, 엄마 소리가 나는 것까지 나왔다고 하지만, 아무래도 잠잘 때만 사용하는 것이 좋겠지요. 아기를 쉽게 달래려고 너무 고무젖꼭지에 의존하지 마셔요.

전문가들은 12개월 이후에는 고무젖꼭지를 사용하지 않는 것이 좋다고 조언합니다. 돌연사 위험은 12개월 이후에는 감소하니까 고무젖꼭지를 굳이 물릴 필요는 없는 거지요. 오히려 그 이후에는 고무젖꼭지로 인해 중이염과 치아 발달, 언어 지연의 위험성이 증가하니까요.

스킨십이 뇌와 정서 발달에 미치는 놀라운 효과

어린 아기에게 스킨십은 아주 중요합니다. 미국에서는 갓 태어난 아기를 대충 닦은 후 벗긴 채로 엄마 가슴 위에 올려놓더군요. 의사가 이런저런 검사를 할 때는 앙앙 울던 아기가 제 엄마 가슴 위에서 금방 안정을 찾고 자는 걸 보았어요. 미숙아도 맨살로 엄마가 안아주거나 인큐베이터 속으로 손을 넣어 주기적으로 쓰다듬어 주고 마사지를 해주면 빠르게 좋아진다고 합니다. 아기 피부를 쓰다듬고 만져주는 것이 스트레스를 진정시켜 주며 신경 발달에도 도움이 되는 거지요.

갓 태어난 아기의 뇌는 감각을 통해 자극을 받습니다. 아기는 뇌에 1천억 개의 신경세포를 가지고 태어나는데, 피부는 뇌와 신경회로가 연결되어 약한 자극도 뇌에 잘 전달된답니다. 막 태어난 아기에게 가장 발달한 감각은 촉각이라고 하지요. 신생아의 손을 만지면 오므리고 꽉 쥐기도 하고, 발을 만지면 발가락을 쫙 펴는 반사 행동을 보이지요. 그래서 피부감각을 자극해주는 것이 뇌 발달과 직결되고, 스킨십은 아기에게 아주 중요합니다. 그러니 시간이 날 때마다 안아주고, 쓸어주고, 쓰다듬어 주는 게 좋아요.

마사지는 아기에게 사랑을 표현하고 유대감을 보여주는 방식이에요. 아기는 사랑받는 걸 구체적으로 피부로 느끼면서 안정되고 이완됩니다. 마사지를 받은 아기는 스트레스를 덜 받아 울음도 줄어들고 차분해지고 잠도 잘 자지요. 게다가 마사지는 소화와 혈액 순환을 도와서 건강에도 좋고 발달을 촉진합니다. 당뇨병도 예방하고, 배앓이나 천식도 감소한다고 하네요.

아기에게 마사지를 해주면서 눈을 맞추고 소통하다보면 어른도 사랑의 기쁨을 느끼게 되지요. 아기 엄마가 산후 우울증을 겪는 경우, 아기 아빠가 아빠로서의 자기 역할에 의문을 갖는 경우, 아기 마사지를 해주라고 조언해 주셔요. 아마도 아기와 눈을 맞추고 마사지를 하면서 대화를 나누고 아기 미소를 보면 어느새 그런 문제에서 벗어날 거예요.

아기 마사지 시간은 수유 1시간 후 아기가 기분 좋은 시간에 하는 것이 좋아요. 마사지를 해줄 때는 저절로 사랑을 표현하는 말을 하게 되지요. 아기와 눈을 맞추고 이야기도 하고, 입으로 배에 "푸~~" 바람도 불어주면서 마사지를 해주면 아기도 벙긋벙긋 웃으면서 즐거워합니다. 저는 아기를 목욕시킨 후 몸에 로션을 발라주면서 마사지를 해주었어요. 그러고 나면 잠도 잘 자더군요. 아기가 잠이 와서 칭얼대는 시간은 피하는 것이 좋습니다. 마사지 중간에 아기가 잠들면 무리해서 끝까지 하지 말고 중단하세요.

마사지를 하기 전에 반지나 팔지를 빼고 손을 청결하고 따뜻하게 해야 합니다. 저는 손이 무척 차기 때문에 따뜻한 물에 오래 손을 담근 뒤 손에 온기가 돌고 난 후에 마사지를 해주었지요. 방 안 온도는 아기가 벗고 있어도 춥지 않은 온도여야겠지요. 좀 서늘하다 싶으면 얇은 천으로 부분적으로 덮어주고 하셔요. 마사지 전문가에 의하면, 마사지는 최대한 힘을 빼고 부드럽게 하라고 합니다. 배 마사지는 아기의 소화를 도와주는데, 반드시 시계 방향으로 마사지해야 장 속에서 음식물이 소화되는 걸 돕는다고 합니다.

　아이가 조금 크고 함께 놀 만한 힘이 생기면 안아주고 간지럼도 태워주고 침대에서 같이 뒹굴면서 놈으로 함께 놀아보서요. 우리 손자는 할머니와 안고 뒹구는 걸 좋아해서 매일 레슬링을 하자고 졸라댔지요. 사랑받는다는 구체적인 느낌은 신체 접촉을 통해서 강하게 오는 것 같아요. 연애할 때도 사랑하는 사람과 꼭 붙어 있고 싶고, 길을 걸을 때에도 손을 잡잖아요. 아이가 잠자거나 옆에 앉아 있을 때도 다리를 쓸어주거나 손을 만지작거려주면 안정이 되는 것 같아요.

아기의 건강을 위해 이것만은 체크하자

할머니가 아기를 돌보면서 가장 두려운 일은 아기가 아프기라도 하면 어쩌나, 키워주다가 문제라도 발생하면 어쩌나 하는 것이지요. 엄마가 키운다고 해서 아기가 아프지 않은 것도 아니고 문제가 발생하지 않는 것도 아니니, 그 부분에 대해서는 미리 아기 엄마와 충분히 이야기를 나누는 것이 좋습니다. 그럼에도 할머니가 아기 건강과 관련해서 지식을 가지고 있으면 건강을 미리미리 체크하고 대처할 수 있겠지요.

청각, 미리미리 확인을

신생아는 우리가 코감기에 걸려서 귀가 먹먹할 때와 같은 상태로 소리를 들을 수 있다고 해요. 출산 과정에서 귀 속에 액체가 스며들었기 때문일 거라고 하네요. 그렇지만 아기는 상당한 청각 능력을 가지고 있어서 사람 목소리, 특히 높은 톤의 여자 목소리에 주의를 기울인답니다. 아기는 배 속에 있을 때 들었던 엄마 목소리를 좋아한다는 연구도 있지요.

아기의 청각 능력이 온전한지를 알아보셔요. 1~2개월에는 문이 쾅 닫히는 큰 소리에 아기가 깜짝 놀라는지를 관찰해보셔요. 아기는 큰 소리에 공포를 느끼거든요. 3~4개월에는 왼쪽과 오른쪽에서 아기 이름을 부르고 고개를 그 방향으로 돌리는지를 보셔요. 어떤 소리에는 반응하는데, 다른 소리에는 반응하지 않는지도 살펴보셔요.

아기의 청각을 보호하기 위해서는 과도한 소음에 노출시키지 않는 게 중요합니다. 큰 음악 소리나 기계 소리로 인해 청력을 잃을 수도 있지요. 그런 소리를 차단시킬 수 없는 경우라면 귀 보호마개를 사용하는 게 좋습니다.

중이염, 방치하면 청력이 위험하다

중이염은 박테리아 감염에 의해 걸리는 병으로, 아기가 쉽게 걸리고 재발하는 병입니다. 거의 모든 아동이 최소한 한 번은 중이염에 감염된다고 해요. 중이염을 일으키는 박테리아는 항생제로 제거될 수 있지만, 귀 속에서 액체가 차올라 서서히 청각이 상실되는 경우가 있어요. 이것을 삼출성 중이염이라고 하더군요. 제 딸이 6살 때 삼출성 중이염으로 청력을 잃을 뻔했지요. 당시 저는 아무리 불러도 딸이 대답을 하지 않고 반응이 없어 말을 안 듣는다고만 생각했답니다. 그러던 어느 날 유치원에 갈 일이 있어 갔다가 교실 안을 들여다보고 깜짝 놀랐어요. 선생님이 재미있는 이야기를 해 주시는데, 딸은 이야길 듣지 않고 뒤에서 왔다 갔다 하더군요. 이상해서 이비인후과에 가서 진찰을 해보고 중이염으로 심각하게 청력이 손상되어 있는 걸 발견했지요. 다행히 고막에 관을 삽입하는 수술을 하고, 액체를 뽑아내어 청력이 회복되었어요. 그 후 자기 아이가 말을 안 듣는다고 고민하는 엄마들에게 저는 이비인후과에 가서 체크해 보라고 조언했고, 놀랍게도 제 말이 맞는 경우가 대부분이었어요.

중이염은 생후 6개월에서 3년 사이에 특히 치명적이에요. 사람의 말을 듣고 배우는 시기에 청각에 문제가 생기면 언어 발달뿐 아니라 사회성도 뒤떨어질 수 있으니까요. 만성 중이염으로 인해 듣는 데 어려움이 생길 수 있고, 그와 관련된 뇌 발달에 영향을 미칠 수도 있습니다. 초기 청각 상실의 주요 요인은 중이염이라고 하니, 아기가 감기에 걸리거나 소리에 반응하지 않을 때 이비인후과에서 진찰을 받도록 하셔요. 지나치게 항생제에 의존하는 경우 약물 내성이 생겨 변종 중이염이 나타난다고 하니까 약한 중이염에는 항생제를 쓰기보다는 주의 깊게 살펴보면서 면역력을 높여주는 것이 좋겠습니다.

시력, 면밀히 관찰하자

시각은 아기의 감각능력 중에서 제일 늦게 발달한답니다. 신생아의 시력이 좋지 못하다고 해도 밝기에 민감하며 사람 얼굴을 다른 물체보다 좋아합니다. 색깔도 처음에는 흰색과 검은색이 대비되어 있는 것만 구분할 수 있지요. 그렇지만 뇌의 시각중추가 빠르게 발달하기 때문에 2~3개월만 되면 모든 색깔을 구별할 수 있고, 4개월이 되면 성인처럼 색깔을 나눌 수 있답니다. 그렇지만 여전히 시력은 떨어져서 6개월에도 20/100(0.2)정도의 시력을 보이고, 6세가 되어야 어른처럼 시력이 발달하게 됩니다.

시각에 문제가 있을 경우 어릴 때 교정해주는 것이 좋으니 아기를 면밀히 관찰하는 것이 좋습니다.

☐ 아기가 눈을 자꾸 비비지는 않습니까?

☐ 빛에 너무 민감하게 반응합니까?

☐ 움직이는 물체를 눈으로 추적해서 따라가지 못합니까?

☐ 6개월이 지났는데 눈 움직임이 조절되지 않습니까?

☐ 만성적으로 눈이 충혈되고 눈물이 납니까?

☐ 눈동자가 까맣지 않고 회색인가요?

☐ 3~5개월이 지나서도 사팔눈을 하고 있나요?

이런 경우 안과를 찾는 것이 좋습니다. 그리고 생후 6개월이 되었을 때, 이후 3세나 5세 정도에 안과 검진을 받도록 하셔요.

아기는 시력이 발달되지 않았기 때문에 될 수 있으면 어릴 때 TV와 스마트폰을 보지 않는 것이 좋습니다. TV와 스마트폰은 아기의 뇌 발달에 심각한 문제를 야기할 뿐 아니라 시각적으로 강한 자극을 받아 시력이 저하됩니다. 아기에게 TV를 보여주면 움직이는 화면에 몰입하면서 울지도 않고 조용해서 바쁠 때에는 아기를 TV에 맡기고 싶기도 하지요. 뒤에서 자세히 살펴보겠지만, TV나 스마트폰의 부작용은 심각할 뿐 아니라 시력이 저하될 우려가 있으므로 그 유혹에서 벗어나는 것이 좋습니다.

감염, 아직도 아기 입에 뽀뽀하시나요?

아기를 건강하게 돌보기 위해서는 감염에서 안전하게 막아주어야겠지요. 이웃이나 친지가 손을 씻지 않고 아기를 만지지 못하도록 하셔요. 식구들도 밖에 나갔다 들어오면 손부터 씻고 실내복으로 갈아입은 후에 아기를 만지도록 하셔요. 아기가 조금 커서 나들이를 다닐 때는 질병이 유행하면 사람 많은 곳에는 가지 않는 것이 좋겠지요. 아무래도 아기는 면역력이 약해 어른보다 감염되기 쉬우니까요. 초기에는 감염이 되어도 증세가 확연하지 않아요. 다음과 같은 증상이 있을 때는 빨리 병원을 찾도록 하셔요.

▫ 먹거나 호흡하기가 어려울 때
▫ 아기가 처져 있을 때
▫ 피부에 발진이 나거나 피부색이 창백하거나 얼룩덜룩할 때
▫ 계속 설사를 할 때
▫ 소변을 보지 않거나 아주 짙은 색의 소변을 볼 때
▫ 끊임없이 울고, 평소와 다르게 보챌 때

할머니들은 자기가 먹던 수저로 아기에게 밥을 먹이기도 합니다. 젊은 아기 엄마들은 질색을 하면서도 아무 말도 못하고 참고 있는 경우가 많아요. 인터넷 카페에서 젊은 엄마들이 올리는 글을 보면 할머니들이 무의식적으로 하는 이런 행동 때문에 속을 끓이는 내용이 많이 올라옵니다. 자기 입에 세균이 있다는 생각을 하지 않는 거지요. 사람의 입 속에는 수많은 박테리아가 서식하고 있습니다. 구강 내 충치 균은 일찍부터 아이에게 감염되어 충치가 생길 수가 있대요. 아이 입에 뽀뽀만 해도 충치 균은 감염이 된다고 해요. 특히 감기나 다른 질병을 앓고 있다면 더 위험하지요. 뽀뽀는 볼에, 아기 먹는 식기와 수저는 항상 따로 준비해서 사용하는 것이 좋겠습니다.

영아 돌연사를 막기 위한 몇 가지 주의 사항

아기가 잠을 자다가 깨어나지 못한다면 그보다 더 힘들고 슬픈 일은 없을 거예요. 영아 돌연사의 정확한 원인은 알려지지 않았지만, 2~4개월 된 아기들 중에서 겨울에 난방이 잘 된 방에서 옷이나 담요로 단단히 감싸여져 있고, 엎드려 자는 동안에 일어나는 경우가 많다고 합니다. 그 때문에 미국에서는 아기를 엎드려 재우지 말라는 캠페인을 벌이고 있는데, 우리는 예쁜 머리 모양과 갸름한 얼굴을 만들려고 엎드려 재우는 경향이 오히려 늘고 있지요.

사실상 아이는 엎드려 잘 때 더 깊이 자는 경향이 있더군요. 그러나 고개를 들지 못하는 아기를 엎어 재우는 것은 위험해요. 우리 손주도 얼굴을 옆으로 돌려 엎어 재웠는데 때로는 얼굴을 요에 파묻고 가만히 있는 순간이 있더군요. 그러니 엎어 재우려면 어른이 옆에 있는 낮잠 때가 나을 것 같아요.

푹신한 이불이나 베개, 부드러운 천에 아기를 엎어 놓으면 호흡에 방해가 될 수 있으니 피하는 것이 좋습니다. 엎어 재우지 않더라도 우유를 먹으면서 잠든 경우 토하면 기도를 막을 수 있으니 우유 먹다가 자더라도 트림을 시켜주셔요.

돌연사는 아기의 체온이 오르는 것과 관련이 있는 것 같다고 합니다. 할머니는 아기가 감기라도 들까봐 옷도 많이 입히고 이불도 덮어주는 경향이 있는데, 아기에게는 도움이 되지 않아요. 편안하고 가벼운 옷차림으로 재우고, 두꺼운 이불은 덮어주지 말고, 방 안을 너무 덥지 않게 해야 돌연사를 예방할 수 있습니다.

영아 산통엔 할머니 손이 약손

우리가 보통 배앓이라고 하는 영아 산통은 생후 3~4개월 미만에 나타나며 심하게 계속 우는 증상을 말합니다. 발작적인 울음과 보챔이 하루 3시간, 최소 한 주 동안 3회 이상 발생할 때 영아 산통이라고 한답니다. 영아 산통은 병은 아니라고 해요. 그렇지만 아이는 괴로워하지요. 영아 산통이 있을 때 아기는 두 손을 움켜쥐고 두 다리를 배 위로 끌어당기거나 다리를 굽혔다 쭉 펴기도 하고 배에 힘을 주고 얼굴이 붉어지면서 심하게 오랫동안, 때로는 몇 시간 동안 계속 울어댑니다. 아이를 보는 할머니 입장에서는 답답하고 두렵지요.

영아 산통의 정확한 원인은 밝혀지지 않았지만 소화 기능이 아직 발달되지 않았거나 우유가 맞지 않아서 생길 수 있다고 해요. 수유 후에 트림을 시키고 배를 따뜻하게 해주는 것이 영아 산통을 줄이는 데 도움이 되고, 배 마사지를 해주고 등을 쓰다듬어 주는 것도 도움이 됩니다. 할머니 손은 약손이라는 말이 있지요? 이런 증상이 일주일에 3회 이상 계속 되면 병원에서 진단받는 것이 좋다고 하네요. 단순한 영아 산통이 아닐 경우도 있으니까요.

영아 산통은 하루 중 어느 때든지 일어날 수 있지만 보통 저녁 시간에 더 잘 발생합니다. 할머니와 낮에는 잘 지내던 아기가 저녁에 아빠, 엄마가 돌아온 시간에 괴로워하며 발작적으로 울면 할머니 입장에서는 많이 당황스럽고, '내가 낮에 뭘 잘못했나?'라는 생각을 할 수도 있지요. 그러나 영아 산통이라면 길어도 생후 4개월이 지나면 거의 사라지니까 그동안 참을성을 가지고 아기를 잘 달래주셔요.

영아 뇌 흔들림 증후군, 아무리 주의해도 과하지 않다

뇌 흔들림 증후군(Shaken Baby Syndrome)은 아기 머리가 심하게 흔들릴 때 뇌출혈과 망막 출혈, 뇌의 부종이 일어나는 증후를 말합니다. 이로 인해 사망이나 실명, 사지마비, 정신박약, 성장장애, 간질 등 치명적인 후유증에 시달린다고 하니 주의가 필요합니다. 우리나라에서는 이 증후에 대해 크게 다루지 않지만 미국에서는 출산 후 병원에서 뇌 흔들림 증후군을 예방하기 위해 부모 교육을 많이 하더군요.

보통 우는 아기를 달래기 위해 안고 흔들어주는 것은 전정기관을 자극해 몸의 평형감각을 좋게 하고, 성장을 자극해 준다고 합니다. 그러나 지나치게 아기를 흔드는 것은 위험합니다. 어린이집에서 미숙한 선생님이 울음을 그치지 않는 아기에게 화를 내며 아기를 흔들 수 있는데, 그런 경우 겉으로는 나타나지 않아 알아채지 못하지만 심한 후유증이 올 수 있습니다. 그래서 할머니 육아를 권장하는 것이지요.

6개월 미만 아기를 카시트에 태우지 않고 어른이 안고 자동차에 타는 경우, 급정거할 때 아기 머리가 흔들려 위험할 수 있습니다. 장시간 차를 타는 것도 위험하구요. 아기에게 목마를 태워주면 아기가 좋아하지만 목마를 태우고 뛰는 것은 매우 위험합니다. 공중에 아기를 던지고 받는 놀이도 아기가 좋아하지만 1년 미만 아기에게는 위험합니다. 어떤 전문가는 전동그네나 전동 바운서도 좋지 않다고 주의를 줍니다.

아기 혼자 침대나 소파, 식탁에 올려놓고 일 보러 다니지 마셔요. 높은 곳에서 떨어지면 머리가 무거워 머리부터 땅에 부딪쳐 뇌흔들림이 발생할 수 있습니다. 잠시 부엌에서 일을 해야 하면 바닥에 매트를 깔고 아기를 그 위에 놓는 것이 좋습니다. 넘어지더라도 딱딱한 바닥에 머리를 부딪치지 않게 말이지요.

나이 어린 형이나 언니에게 아기를 잠시라도 맡길 때는 혼자 업거나 안지 않도록 주의를 주셔요. 아기를 안거나 업으려 하다가 떨어뜨릴 수도 있고, 안고 계단을 오르다가 함께 구를 수도 있습니다.

편식하지 않는 아이로 키우는 방법

우유만 먹던 아기가 이유식을 시작하면 할머니 손은 더 바빠집니다. 6개월 정도 되면 분유만으로는 충분한 영양 섭취가 되지 않으므로 이유식으로 영양소를 보충해야 합니다. 4개월부터도 이유식을 시작할 수 있지만, 알레르기가 있는 아이는 6개월 정도에 시작하는 것이 좋다고 해요. 너무 일찍 시작하면 과민반응을 보이거나 소화 장애를 일으킬 수 있으니까요. 이유식 시작이 너무 늦으면 새로운 음식에 적응하기가 어렵고, 영양소 결핍 때문에 성장이 늦어질 수 있습니다. 그러나 아이마다 발육 속도가 다르니 발육 상태를 보면서 이유식을 시작하셔요. 이유식을 시작하기 전에 신체 발달이 충분한지 먼저 알아봐야겠죠.

- 받쳐주면 앉을 수 있고, 머리와 고개를 가눌 수 있습니까?
- 엎드려 있을 때 팔꿈치를 바닥에 대고 상체를 들 수 있습니까?

☐ 손으로 음식이나 장난감을 입으로 가져갈 수 있습니까?
☐ 음식에 관심이 있을 때 입을 벌리고 먹으려고 하고, 배가 부르거나 음식이 싫을 때 고개를 돌립니까?

이 질문에 그렇다는 답변이 나오면 이유식을 시작하셔요.

이유식을 시작하는 시기와 월령별 식단

이유식 초기(6~7개월)

아직 이가 나지 않았으니 미음이니 묽은 죽처럼 만든 음식이 좋습니다. 아이가 잘 먹더라도 적당한 양만 먹이셔요.

한 번에 한 가지 재료로만 만들어 2~3일 먹이고, 그 음식에 알레르기를 일으키지 않는지를 알아보고 나서 다른 재료를 늘려 가셔요. 요즈음에는 아토피로 고생하는 아이들이 너무 많잖아요. 여러 가지 식재료를 섞으면 아기가 알레르기 반응을 보이더라도 무엇 때문에 그런지 알기 어렵습니다.

주스나 미숫가루 같이 액체로 된 이유식은 우유병에 넣어주는 것이 편하지만, 충치와 중이염을 일으킬 수 있다고 해요. 액체로 된 이유식이라도 아기용 컵에 담아 마시는 훈련을 시키셔요. 이유식의 순서는 곡류에서 시작해서 채소와 과일을 더해 주셔요. 소금은 첫 1년 동안은 넣지 않는 것이 좋습니다.

먹어도 되는 식품: 쌀과 차조, 메조, 시금치, 브로콜리, 배

주의할 식품: 섬유질이 많은 야채, 단단한 잡곡

이유식 중기(7~9개월)

이가 나기 시작하니까 약간 덩어리감이 있는 이유식이 가능합니다. 무엇이든 손으로 집어 입으로 가져가니까 깨지지 않는 접시에 음식을 담아주세요.

이때는 철분, 아연 등의 필수 영양소가 부족하기 때문에 고기를 먹이도록 하셔요. 소아과의사들은 아기에게 고기를 먹이라는 말을 자주 하더군요. 우리 손주도 얼굴에 핏기가 없어서 보니 헤모글로빈 수치가 떨어져 있었어요. 고기를 양파, 당근과 함께 다져서 밥과 함께 끓여 죽으로 먹이면 잘 먹더군요. 이유식용으로 부드럽게 갈아놓은 소고기를 사서 이용하면 훨씬 수월할 거예요. 이때는 입 속에서 음식을 으깨면서 먹을 수 있으니까 너무 곱게 갈지 않아도 됩니다. 달걀은 흰자가 알레르기를 유발할 수 있기 때문에 노른자만 먹이셔요.

먹어도 되는 식품: 흰살생선, 닭 안심, 소고기 안심, 버섯, 고구마, 감자

주의할 식품: 달걀흰자, 토마토, 딸기, 등푸른생선, 붉은살생선

이유식 후기(10~12개월)

진밥 정도의 밥과 반찬을 주셔요. 이때부터는 우유보다 이유식을 통해 탄수화물, 단백질, 지방, 비타민 등의 영양을 섭취하여야 합니다. 죽에서 진밥으로 넘어가면서 씹기 어려워하는 아이들이 있는데, 할머니가 씹는 모습을 자꾸 옆에서 보여주셔요. 씹고 삼키는 데 익숙해지지 않으면 밥을 입에 넣고 씹지 않고 한참 있다가 삼켜 버리거나 뱉어 버리는 일이 벌어지더군요. 씹기는 두뇌 발달에도 도움이 되니까 옆에서 지켜보면서 씹어 먹도록 격려해 주셔요.

이때는 손으로 음식을 집어 먹거나 숟가락을 들고 먹으려 합니다. 흘리고 지저분해지더라도 스스로 먹는 즐거움을 누리도록 혼자 먹게 해주셔요. 아기가 혼자 먹을 수 있더라도 옆에서 꼭 지켜보셔요.

먹어도 되는 식품: 두부, 해조류, 대추, 달걀노른자

주의할 식품: 죽순, 우엉, 달걀흰자, 기름기 많은 육류

유아식

돌이 지나면 본격적으로 밥을 먹게 됩니다. 그동안 알레르기 위험 때문에 주지 않았던 식품을 주셔도 되고, 다양한 과일이나 돼지고기, 생우유를 먹여도 됩니다. 이때부터는 다양한 재료로 만든 음식을 주면서 편식을 줄이고 좋은 식습관을 들이도록 해주셔요. 밥

과 반찬을 꼭꼭 씹어 먹는 훈련도 계속해 주시구요. 씹어 먹을 수 있기는 하지만 그래도 부드럽게 조리하고, 달거나 짜지 않게 담백하게 요리하는 것이 좋습니다.

이 시기에는 신체 성장이 빠르고 두뇌가 발달하므로 영양을 제대로 공급해주어야 합니다. 특히 단백질과 칼슘, 비타민, 철, 미네랄 등 꼭 필요한 영양소를 섭취하도록 식단을 잘 짜서 골고루 먹이도록 하셔요. 아이가 좋아하는 음식만 주다보면 편식을 할 수가 있지요.

아이들도 간을 한 음식이 맛있다는 것을 알게 되는데, 조금 귀찮더라도 반찬을 만들 때 아기 것은 미리 덜어서 간을 약하게 하는 것이 좋습니다. 짠맛에 길들여지면 계속 짜게 먹게 되는데, 소금은 칼슘 흡수를 방해해서 성장에 지장을 줄 수 있답니다.

아기가 골고루 먹지 않아 걱정스럽다면 좋아하는 음식에 싫어하는 식품을 첨가해서 요리해주셔요. 저는 손자가 당근이나 양파, 감자를 먹지 않기에 갈아서 고기와 함께 완자를 부쳐주었어요. 그냥 부친 완자보다 뻑뻑하지 않고 맛도 좋고 부드러워 아이가 잘 먹더군요. 당근 케이크를 만들면서 시금치까지 넣기도 했고요. 야채를 잘 안 먹는 아이에게는 볶음밥이나 야채 섞은 밥을 유부 속에 넣은 유부초밥도 좋지요.

아기에게 아토피가 있으면 할머니로서는 아이 보는 일이 더 고

달픕니다. 아토피를 유발하는 원인이 무엇인지를 알아내는 일이 우선이지요. 이럴 때는 음식을 섞어서 요리하지 마시고 하나씩 요리해서 무엇이 아기에게 문제를 일으키는지를 계속 관찰해보셔요. 가능하면 그 음식은 피하는 것이 좋습니다. 특히 견과류나 등푸른생선, 달걀 등에 알레르기를 일으키는지를 관찰해보셔요.

돌이 지나면서 다양한 음식을 먹일 수 있지만, 그래도 피하는 것이 좋은 음식이 있습니다. 아이들은 소시지나 핫도그 같은 음식을 맛보고 나면 손에 들고 다니면서 잘 먹어요. 그렇지만 그런 음식에는 염분도 많고, 썩지 않으면서 보기 좋게 만들기 위해 아질산염 같은 화학물질을 첨가하는데, 식품첨가물을 아이가 많이 먹는 경우 백혈병 위험이 높아진다고 합니다. 성인이 되어서도 가공육을 먹는 것이 심장질환, 대장암을 증가시킨다고 하니 될 수 있으면 가공육보다는 고기를 먹이는 게 좋겠어요. 또한 꿀은 식중독을 일으킬 수 있는 균을 가지고 있어서 세 살까지는 먹이지 않는 것이 좋다고 해요. 땅콩버터도 심각한 알레르기를 일으키는 아이들이 있으니 조심하셔요. 땅콩이나 팝콘은 목에 걸릴 수도 있으니 어린 나이에는 주지 마셔요.

생선은 먹여도 될까?
생선은 부드럽고 소화도 잘 되며 맛도 좋아 아기들이 잘 먹지요. 특히 생선에는 오메가3 지방산이 많고 영양가도 높아 아기의 뇌와 눈의 발달에 좋은 식품입니다. 게다가 조리하기도 쉬워 바쁜 할머니가 준비하기 좋은 식품이지요. 그러나 생선에는 수은도 포함되어 있어서 아기의 뇌와 신경계의 발달에 위험하다고 미국 식품의약국(FDA)은 경고합니다. 미국에서는 임산부나 수유하는 엄마, 어린이에게는 생선 섭취를 제한하고 있어요. 우리 어릴 때와는 달리 바다 오염이 심해지면서 바닷물에 수은이나 방사능 물질이 흘러 다니고, 물고기들이 그것을 흡수하기 때문에 생선조차 마음 놓고 먹이기 어렵게 되었어요. 더구나 일본 후쿠시마 원전 사고 이후에는 어른들이 먹을 생선도 안전한지 몰라 시장에 가면 구입을 고민하게 되잖아요. 수은은 생선살의 단백질에 단단하게 박혀 있어서 요리를 해도 생선 속의 수은은 그대로 남아 있다고 해요. 더구나 작은 물고기를 잡아먹고 사는 큰 물고기에는 더 많은 수은이 축적되어 있어 더 위험하다고 합니다.

FDA는 반드시 피해야 할 생선으로 상어, 황새치, 왕고등어, 옥돔을 지적합니다. 전문가들은 여기에 참치, 방어, 농어, 민어, 전갱이 등을 첨가하며, 참치 캔도 위험하다고 경고하는군요. 무얼 먹여야 할지 참 난감해지지요.

멸치, 새우, 연어는 비교적 수은이 적다고 하네요. 우리나라에서 양식한 물고기나 굴, 청정지역에서 나온 생선이 더 안전한 것 같아요. 수산물의 출처도 고려해서 구입하도록 하셔요. FDA는 수은이 적은 생선이라도 아이에게 일주일에 두 번 이상은 먹이지 말라고 권합니다. 몇 년 전 TV에서 우리나라 초등학생의 수은 농도를 알아보는 실험을 하는 것을 본 기억이 나네요. 여수 초등학생과 서울 초등학생의 머리카락 수은 농도를 비교했는데, 여수 초등학생들의 수은 농도가 서울 학생들보다 훨씬 높게 나와 충격적이었어요. 여수 학생들은 이틀에 3회 이상 생선을 먹는 아이들이 많았어요. 수은은 눈에 보이지 않지만 자라나는 아이의 뇌와 신경계를 손상시키고 암까지 유발한다고 하니 수은 농도가 적은 생선이라도 아이에게 자주 먹이지 마셔요.

과자와 음료수, 중독의 위험이 있다

아기가 단맛을 보게 되면 그것이 얼마나 황홀하고 기분 좋은 것인지를 단박에 알게 되는 것 같아요. 병원에서 주사 맞고 울다가도 의사가 내미는 사탕에 울음을 딱 멈추지요. 아기를 위한 반찬을 만들 때 설탕을 조금 가미하면 훨씬 잘 먹지요. 그렇지만 설탕이 많이 들어간 과자나 사탕, 케이크는 영양가는 없고 입맛만 뺏을 가능성이 있지요. 가능하다면 단것은 많이 주지 마셔요. 단 음식은 비만을 유발하기도 하지만, 이를 썩게 만들 수도 있지요. 입 속의 당분이 박테리아를 성장시키기 때문이지요.

설탕은 과잉행동을 부추길 수 있답니다. 당분이 몸속의 아드레날린을 증가시켜서 산만하게 만드는 것이지요. 아이가 다루기 어려울 정도로 제멋대로이고 공격적인 행동을 한다면 당분을 많이 먹은 탓은 아닌지 체크해 보고 단 음식을 줄여보세요. 또 설탕이나 당분은 중독성이 있다고 해요. 당분을 먹고 혈당치가 올라가면 뇌에서 기분을 안정시키는 신경전달물질이 나옵니다. 단것을 먹으면 기분이 좋아지는 이유지요. 당분은 몸에서 빨리 혈당을 올리지만, 그렇게 올라간 혈당치는 금방 떨어지게 된답니다. 그러면 단것을 더 먹으려 하지요. 이게 반복되다 보면 밥은 안 먹고 단것만 먹으려 하지요. 그러니 단것에 길들여지지 않게 해야 합니다.

달달한 주스나 이온음료는 주지 않는 것이 좋아요. 대신 과일을 먹이거나 저지방 우유를 주는 것이 좋지요. 아이가 좋아한다고 계속 주스나 이온음료, 소다수 같은 것을 주다보면 습관이 들어 나이 들수록 더 많이 마시게 됩니다. 설탕이 든 음료를 습관적으로 먹으면 성인기에 당뇨나 심장질환 등 만성병에 걸릴 가능성이 커지고, 소다수는 뼈의 칼슘을 뺏어가 뼈를 약하게 만들지요. 음료수는 식욕을 떨어뜨리고, 비타민, 칼슘, 마그네슘을 흡수하기 어렵게 만든답니다. 그러니 어릴 때부터 단 음료를 먹지 않는 습관을 들이는 것이 좋아요. 아이에게는 설탕이 든 음료보다는 물과 우유가 제일 좋습니다. 하버드 보건대학의 후(Frank Fu) 교수는 100% 과일주스라고 해도 당이 많기 때문에 6개월 전에는 주지 말고, 6~12개월에는 하루 한 컵 이상은 주지 말고, 1~6세에는 두 컵 이하로 주는 것이 좋다고 합니다. 우유도 한 살이 넘으면 하루 3컵 이상은 주지 말라고 하네요. 다른 음식을 통해 영양분을 흡수할 배를 남겨두어야 하니까요. 2~3세에는 하루 두 컵 정도만 먹이라고 합니다.

먹기 싫어하는 아이 어떻게 먹일까

아기가 아무거나 잘 먹고 잘 자라준다면 돌봐주는 할머니 입장에서는 정말 고맙고 보람되지요. 그렇지만 편식을 하는 아이가 많아요. 게다가 요즈음엔 비만도 걱정이라 너무 많이 먹는 것도 염려가 되어요. 전문가들은 아기가 배고프다고 느끼는 단서에 따라 먹이라고 조언합니다. 억지로 먹이지 말라는 것이지요.

밥 안 먹을 때는 치워버리자

아이가 아프거나 다른 심리적인 문제가 없다면, 정말 배고프면 무엇이나 잘 먹습니다. 할머니 입장에서는 손주가 잘 먹는 것이 본인의 기쁨이니까 하루 종일 무언가를 먹이고 싶지요. 식사 시간 이외에 이것저것 간식도 만들어주고, 과일도 먹이고, 과자도 주지요. 그러다 보면 배고플 새가 없어 밥을 잘 먹지 않을 수 있습니다.

우리 손자 친구는 밥도 잘 먹고 키도 크고 튼튼해서 어떻게 먹이느냐고 물어보니, 철저하게 정해진 식사 시간에 밥을 주고 간식을 전혀 먹이지 않고 있었어요. 아이가 밥을 잘 먹게 하려면 우선 간식이나 과자를 덜 주어야 하겠지요. 식사 시간에 밥을 안 먹는다고 쫓아다니면서 먹이거나 관심을 쏟으면 관심 받으려고 밥을 더 안 먹으려 할 수 있어요. 놀이터에 가보면 밥을 놀이터까지 들고 와서 먹이는 할머니들을 종종 볼 수 있지요. 아이는 놀다가 한 숟가락 먹고 또 놀고 하는데, 좋은 습관은 아닌 것 같아요.

좋은 식습관을 들이려면 식사 시간에 밥을 먹지 않으면 그냥 치워버리고 시간이 지나도 다른 간식을 주지 말라고 하네요. 이런 경험을 몇 번 하고 나면 다음부터는 식사 시간에 밥을 잘 먹게 된다고요. 저도 아이가 안 먹을 때 상을 치워버리기는 했지만 마음이 약해서 아이가 배고프다고 하면 먹을 것을 주곤 했더니 좋은 식습관이 길러지지는 않았어요. 배가 고프기 전에 음식을 자꾸 만들어주다 보니 제 입맛에 맞고 맛있는 것만 먹으려고 하더군요.

싫어하는 음식 먹이는 요령

아이들은 대부분 야채를 좋아하지 않지요. 입에서 깔깔하게 남아도는 감촉이나 향 때문에 좋아하지 않는지도 모르겠어요. 시금치나 당근처럼 영양가 높은 야채를 먹이기 위해 잡채를 만들어주어도 야채는 다 골라내고 당면만 먹는 아이들도 있지요. 그런 경우 다져서 달걀부침 속에 넣어주거나 고기 완자전에 섞어서 부쳐 주셔요. 아이는 그 속에 야채가 있는 줄도 모르고 잘 먹지요. 만두는 그런 면에서 참 좋은 음식이지요. 다진 고기와 함께 여러 가지 야채를 넣어 만든 만두는 영양가 높은 음식이지요. 우리 손자는 야채를 좋아하지 않지만 다행히 비빔밥은 잘 먹더군요. 비빔밥에 당근 다진 것, 시금치, 콩나물, 무나물 등이 들어 있지만 양념한 고기와 달걀 맛에 야채도 함께 맛있게 먹더군요.

아이와 함께 요리하자

밥 먹기 싫어하는 아이와 함께 음식을 만들어보셔요. 아주 즐거워하고, 자기가 함께 만든 음식을 아주 좋아하며 먹습니다. 주먹밥 재료를 밥에 넣어 비벼놓고 작은 비닐장갑을 끼워주며 주먹밥을 만들게 하면 만들면서 마구 먹지요. 유부초밥도 이른 나이부터 만들 수 있어요. 유부 속에 밥을 집어넣으면서 손놀림도 정교해지지요. 부침개를 만들 때 반죽 젓는 것을 시켜보셔요. 낑낑거리며 반죽을 젓고, 그걸 부쳐주면 신나게 잘 먹어요. 우리 손자는 할머니가 음식 만드는 걸 도와주다가 다섯 살이 되니 달걀을 깨서 밀가루 반죽에 집어넣고 저을 수 있는 보조 요리사가 되었지요.

음식을 함께 만드는 과정을 통해 아이는 기다릴 수 있는 능력을 기를 수 있습니다. 기다리면서 욕구를 다스리는 힘은 정서지능(EQ)의 기본이 되지요. 부침개가 먹고 싶어도 반죽을 하고 불에서 익는 시간을 기다려야 한다는 것을 배우는 것이지요. 이때는 성급하게 떼를 부리지 않고 지켜볼 수 있어요. 오븐이 있다면 당근 케이크 같은 것을 함께 만들어보셔요. 그 속에 아이가 안 먹는 야채를 넣을 수 있어 좋고, 내 맘대로 설탕이나 기름을 덜 넣고 만들 수 있어 좋지요. 아이는 함께 케이크를 만들면서 과정과 순서가 있다는 것을 배울 수 있고, 오븐 속을 들여다보며 조그맣던 반죽이 부풀어 오르고, 빵 색깔이 변하며 익어가는 모습을 관찰하면서 좀 더 긴 시간을 기다리는 힘을 기를 수 있어요. 오븐에서 갓 구워진 케이크를 꺼내주면 고소한 맛과 기다림의 효과로 정말 잘 먹지요.

싫어하는 음식에 재미있는 이름을 붙여보자

말문이 트이고 여러 단어를 익히게 되면 아이와 대화가 통하고 말로 하는 놀이가 가능해지지요. 아이가 싫어하는 음식에 재미난 이름을 붙여주며 즐겁게 먹게 할 수 있어요. 동화책 《찰리와 롤라》에는 강낭콩을 싫어하는 롤라에게 오빠 찰리가 "강낭콩이 아니라 초록마을에서 온 초록 물방울"이라고 말해주고, 감자 샐러드는 "백두산 제일 높은 봉우리에 걸려 있던 구름"이라고 이름을 붙여주니 아주 잘 먹는 내용이 담겨 있어요. 우리 손자도 입이 까다로운데 동그랗게 부친 부침개를 "보름달을 따 왔으니 먹어보자"고 하니 재미있어 하면서 먹더군요. 당근을 빼놓고 안 먹기에 TV 프로그램에서 본 내용을 흉내 내어 "그러면 당근이 '나도 먹어주셔요' 하고 말하잖아. 네가 안 먹으니 당근이 슬프대"라고 말해주니 웃으며 먹더군요.

미운 두 살,
자기 주도성이 자라는 시기

18개월이 지나면 자기주장이 강해지면서 떼를 쓰기 시작합니다. 할머니에게 들러붙어 떨어지지 않던 아기가 어느새 눈 깜짝할 사이에 없어지고 제멋대로 돌아다닙니다. 걸음걸이도 확실해지고 기어오르는 능력도 생기면서 어른을 시험이라도 해보려는 듯 이것저것 만지면서 일을 저지르고, 뛰어다니다가 다치기도 합니다. 말을 배우면서 "싫어", "아니야"라는 말을 하며 반항을 하기도 하구요.

 미운 7살이 아니라 이제는 '미운 두 살'이라고 하더군요. 의자 위에 올라가 인터폰을 들고 아무거나 눌러대서 경비원이 무슨 일이냐고 오기도 하고, 리모컨이나 핸드폰을 몰래 만져서 먹통으로 만들어 놓기도 합니다. 할머니, 할아버지가 벗어놓은 안경을 끼고 다니다가 안경다리를 부러뜨려 놓기도 해요. 밥 먹이고 목욕시키는 것도 점점 힘들어지고, 옷을 입히려고 하면 도망 다니거나 제가 혼자 입겠다고 우깁니다. 밖에 나가서 자기 뜻이 안 먹히면 떼를 쓰다가 길바닥에 드러누워 할머니를 당황하게 만들기도 합니다.

아기의 첫 1년 동안 애착 형성이 가장 중요했다면, 둘째 해에는 주도성이 중요하게 등장합니다. 아기는 걷기 시작하면서 세상에 대한 호기심으로 모험을 시도합니다. 신생아 때는 돌봐주기를 기다리며 울음으로 자신을 알렸다면, 기어 다니면서 조금 더 넓은 세상을 경험하다가 이제는 자유 선언이라도 한 것처럼 자기 마음대로 하고 싶어 합니다. 아직 세상의 규칙을 알지 못하니 자신이 하고 싶은 일을 못하게 막는 할머니를 이해하지 못하겠죠. 그래서 반항합니다. 어쩌면 이후 갈등과 반항의 시작인지도 모르지요. 이런 아이를 어떻게 긍정적인 아이로 길러낼 수 있을까요?

이 시기에는 물건에 대한 관심도 많아져 "이게 뭐야?"라고 시도 때도 없이 묻고, 자기가 무엇을 할 수 있는지도 발견하려고 합니다. 밥을 떠먹여 주는 것보다 자기가 숟가락을 들고 떠먹는 것을 좋아하고, 옷도 혼자 입으려 하고, 밖에 나가면 손을 뿌리치고 혼자 걷겠다고 해요. 혼자 할 수 있다는 거지요. 우리 손주는 언덕길이 보이기만 하면 낑낑대고 올라가서 아래를 향해 쏜살같이 달려 내려오곤 했어요. 어찌나 위험해 보이는지 "조심하고, 천천히 걸어와"라고 해도 들은 척 만 척 달려오고 나선 의기양양해서 다시 올라가 뛰어내려오곤 했지요.

이렇게 모험에 성공하면 자부심을 갖게 되고, 이것이 자기 존중

감의 원천이 된다고 해요. 아이가 무엇이나 혼자 하려는 주도성이 나타나면 할머니 입장에서는 일이 더 많아지니 귀찮기도 하고, 또 다칠까봐 마음이 조마조마합니다. 하지만 아이에게는 성장에 꼭 필요한 과정입니다.

혼자 하도록 기다려주고 격려해주자

두 살짜리에게 "그러면 안 되지?" 하고 조용히 타일러도 듣지 않고, 소리를 지르거나 야단을 쳐도 먹히지 않아요. 그럴 때 이 어린 것조차 나를 무시하는가 싶어 좌절에 빠지기도 하고 울고 싶기도 할 거예요. 그러나 이 시기 아이는 자기중심적이기 때문에 자기가 하고 싶어 하는 일을 왜 못하게 하는지는 이해할 수 없고, 못하게 한다는 것에만 화를 내고 떼를 쓰지요. 게다가 아직 감정 조절은 잘 안 되고, 자기 생각을 제대로 말로 표현할 수 없기 때문에 화내고 떼쓰는 방식으로 표현하는 것이지요.

이때 아이를 무시하고 야단치지 마셔요. 무조건 못하게 하거나 대신 해주면 마음을 다치고 독립심을 키우지 못하게 됩니다. 아이 마음을 이해한다는 것을 전해주세요. 아이가 화를 내고 떼를 쓸 때는 분명히 이유가 있어요. 언젠가 손자가 좋아하는 음식을 먹다가 쏟아서 쓰레기통에 버리니까 화를 내고 떼를 쓰더군요. 아이를 안

아주면서 "그게 먹고 싶은데 없어져서 화가 나는구나?"라고 말해주니 고개를 끄덕이면서 눈물을 뚝뚝 흘리더군요. "지금은 다시 만들 수가 없으니까 저녁에 다시 만들어 먹을까?"라고 말해주니 화가 가라앉고 타협을 하더군요.

아이가 고집을 부리고 말을 안 듣는 것은 무언가 심리적으로 힘들다는 것을 표현하는 방식일 수도 있어요. 다른 아이들은 엄마가 집에 있는데 자기는 할머니와 있어야 한다는 것도 속상한 일일 거예요. 할머니가 환하고 즐겁게 아이를 인정해주고 긍정해주면 아이는 허전한 마음을 달래고 감정을 다스리게 될 거예요.

이 시기는 자율성을 기르고 독립심을 배워가는 시기이니 아이와 신경전을 벌이지 말고 혼자 할 수 있는 일은 혼자 하도록 해주셔요. 밥 먹을 때 흘리고 지저분해도 혼자 먹도록 기회를 주고 잘 먹으면 칭찬해주셔요. 옷을 거꾸로 입어도 혼자 입겠다고 하면 혼자 입도록 격려해주고, 조금만 도와주셔요.

그러나 이 시기부터 사회의 요구에 맞추어 해야 하는 것과 하지 말아야 하는 것도 배워야 합니다. 밖에 나갔다 와서 손 씻기, 잠자기 전에 잠옷으로 갈아입고 이 닦기, 장난감 치우기 같은 것은 배워야 하는 일이지요. 친구의 물건을 뺏거나 남을 때리거나 무는 행위, 물건을 내던지는 행위, 위험한 물건을 만지고 노는 행위는 금지해야 하는 일입니다.

기억력도 생겼으니 잘한 행동에 대해서는 칭찬해주고 격려해주세요. 해야 하는 일이 즐거운 일이 되도록 만들어주세요. 대신 잘못한 행동에 대해서는 일관성 있게 안 된다는 것을 알려주어야 합니다. 말이 더 능숙해지고 말귀를 알아듣게 되면 조금 더 수월해지고, 아이를 설득할 수 있는 여러 가지 방법을 써볼 수 있어요. 몇 가지 효과적인 노하우를 알아볼까요.

고집 부리는 아이 설득하는 효과적인 노하우

자립심과 주도성이 생기면서 아이는 혼자 옷도 입고 신발도 신고 싶어합니다. 밥이랑 국도 혼자 먹고 싶습니다. 하지만 아직 손가락 기능이 제대로 발달되지 않은 아이가 능숙하게 해내기는 어렵지요. 생각대로 되지 않을 때 아이는 속상하고 기분이 나빠져 짜증을 내고 화를 냅니다. 우리 손자도 "나는 안 돼요." 하며 울기 일쑤였지요. 그럴 때 "그러게 잘하지도 못하면서 혼자 한다고 고집이니?"라고 말하거나, 급한 마음에 대신 해주면 아이는 더 많이 좌절하고, 자신의 능력에 대해 의심하게 될 거예요. 느리고 잘 못해도 아이 마음을 헤아리고 기다려 주세요. 아이의 느린 행동은 빠른 속도로 사는 젊은이 입장에서는 답답하고 비효율적일지 몰라도 할머니의 느긋한 시간으로는 기다려주고 격려해줄 수 있지요.

단추가 잘 안 채워질 때는 할머니가 단추 구멍을 벌려주어 아이 스스로 단추를 끼우도록 도와주셔요. 숟가락으로 국을 뜨다가 쏟으면 나무라지 말고 숟가락 잡는 법을 가르쳐주셔요. 국은 밑이 넓어 잘 엎어지지 않는 그릇에 담아주는 것이 좋습니다. 아이가 스스로 밥을 먹으면서 옷이며 식탁, 바닥을 엉망으로 만들어도 혼자 먹도록 기다려주시고, 다 먹은 다음에 치워주셔요. 신발도 왼쪽, 오른쪽을 제대로 신을 수 있도록 발 옆에 놓아주셔요. 아이가 제대로 했을 때 칭찬해주시고, 혼자 할 수 있는 것은 혼자 하도록 격려해주셔요. 그러다 보면 어느새 혼자 옷도 입고 신발도 신고 밥도 잘 먹게 되지요.

아이는 자율성이 생기면서 자기 생각을 가지고 결정하고 싶어 합니다. 말을 시작하면서 "싫어", "안 해"라는 말을 입에 달고 살지요. 사춘기의 전조라도 되는 것 같아요. 이때 아이에게 선택의 기회를 주면 반항이 줄어들어요. 해서는 안 되는 선택권을 주면 안 되겠지만, 소소하게 선택할 수 있는 기회를 줘보셔요. 저는 식성이 까다로운 손자에게 아침식사 때 "국에 말아서 먹을까? 김에 싸서 먹을까?"라고 물어봤어요. 그러면 자기가 원하는 것을 고르고 먹더군요. 또 밤에 깜깜한 것을 싫어하는 아이에게 "누가 불을 끌까? 할머니가 끌까, 네가 끌까?" 하고 물으면 자기가 끈다면서 불을 끄고는 깜깜해도 참더라고요. 씻기 싫어하는 아이에게 목욕하기 전에 "샤워할까, 목욕물 받아서 목욕할까?"라고 물어보셔요. 목욕하기도 싫지만, 샤워는 더 싫기 때문에 목욕하겠다고 선택할 수 있어요. 양말을 신지 않으려 할 때 "흰 양말 신을까, 줄무늬 양말 신을까?"라고 물어보고, 옷도 두세 가지 중 자기가 좋아하는 옷을 골라서 입도록 해보셔요. 잠자기 전에 읽는 책도 자기가 좋아하는 책으로 골라 오도록 하고 읽어주어요. 우리 손자는 같은 책만 읽어달라고 가져오더군요. 아마도 그 책의 내용을 외우는 것이 좋아서 자꾸 읽어달라고 했던 것 같아요. 몇 권을 읽을지도 아이가 정하도록 하셔요. 제 손자는 어떤 때는 10권이나 읽어달라고 하면서 낄낄대더군요. "그건 너무 목이 아파서 안 되겠는데, 3권만 읽을까?"라는 식으로 타협을 해보셔요. 아이는 자기에게도 결정권이 있다는 생각에 아주 좋아하면서 5권 정도로 타협하더군요.

마트에 가면 이것저것 보는 대로 사달라고 조를 수 있어요. 마트에 가기 전에 한 개만 사줄 수 있다고 분명하게 이야기하세요. 막상 마트에서 아이가 여러 개를 고르면 모두 카트에 넣어두었다가 나중에 그중 하나만 고르도록 하셔요. 미리미리 약속을 하고 가면 그만큼 떼가 줄어든답니다.

마트나 백화점에서 물건을 구경하다 보면 아이를 잃어버리기 쉬워요. 아이가 카트에 앉아 있으면 문제가 없는데, 카트에 앉지 않겠다고 떼를 쓸 수도 있어요. 집에서 나가기 전에 미리 카트에 앉아 있을 건지 아니면 돌아다니지 않고 할머니 손잡고 얌전하게 따라다닐 것인지를 선택하게 하셔요. 미리 약속을 해놓으면 조금 수월하게 쇼핑을 할 수 있지요.

싫어하는 일을 재밋거리로 만들어주는 방법

놀이터에서 놀고 들어와서 "누가 손 깨끗이 씻는지 시합할까?"라고 하면서 화장실로 들어가면 아이는 손을 씻으면서 즐거워하죠. 목욕도 마찬가지로 즐거운 일로 만들어줄 수 있어요. 씻기는 입장에서는 샤워를 시키는 것이 편하지만, 아이 입장에서는 물이 머리 위에서부터 눈, 코, 입으로 마구 쏟아져 내리는 건 폭력적일 것 같아요. 욕조에 물을 담고 플라스틱 장난감 인형을 늘어놓고 "얘네들이 같이 물놀이하자고 기다리네~~" 하면 얼른 옷을 벗고 물속에 들어갑니다. 물속에서 20~30분 놀고 나면 비누질도 수월하게 할 수 있지요.

두 살이 넘으면 옷 갈아입히는 것도 쉽지 않아요. 혼자 입겠다고 하다가 팔다리 끼우는 일이 뜻대로 안 되면 화를 내고 짜증을 내지요. 저는 '우리 아이가 달라졌어요'라는 TV 프로그램에서 본 방법을 사용해 보았더니 효과가 있더군요. 옷 입는 일을 재미있는 동작과 연결시켜 주는 것이지요. 윗옷 입는 걸 도와주면서 팔을 끼울 때 "팔 쭉 펴서 달 따보자" 하니까 팔을 뻗어 끼우고, 바지를 입을 때 "터널 속으로 다리가 들어간다"라고 하면서 바지를 벌려주니 재미있어 하면서 바지를 입더군요.

어릴 때부터 치우는 습관을 들이지 않으면 평생 방 치우는 일이 짐이 되지요. 놀고 난 장난감을 그때그때 치우지 않으면 할머니의 일거리가 더 늘어나 하루 종일 쉴 틈이 없어요. 장난감을 가지고 놀다가 다른 놀이를 하려고 할 때 함께 장난감을 치우고 다른 놀이를 하도록 가르쳐주세요. 블록을 한참 가지고 놀다가 공을 갖고 놀려고 할 때 이렇게 해보세요. "블록 치우고 나서 공놀이 하자. 너는 무슨 색 블록을 넣고 싶어? 할머니는 빨간색을 넣고 싶은데? 그럼 누가 빨리 넣나 볼까?" 그러면 아이는 색깔을 구별하고 장난감 분류하는 법도 배우면서 즐겁게 방을 치우더군요.

하루 일과를 예측할 수 있어야 아이도 편안하다

아이도 앞으로 있을 일을 예측할 수 있을 때 떼를 덜 부립니다. 세상은 예측 불가능하고 복잡한 곳이 아니라는 걸 아이에게 보여주어야 합니다. 매일 같은 시간에 낮잠을 자고, 식사를 하고, 잠자리에 드는 것이 아이를 편안하게 해주죠. 순서가 바뀔 때는 미리 알려주는 것이 좋아요.

아무 예고도 없이 갑자기 아이를 데리고 외출하지 마시고, 못 알아듣더라도 어디를 가는지, 왜 나가는지를 미리미리 아이에게 알려주고, 그곳에 가서 무엇을 할 것인지도 말해주세요. 병원에 갈 때는 주사를 잘 맞으면 의사 선생님이 사탕을 주실 거고, 진찰받고 나서 좋아하는 빵을 사 가지고 집에 오자고 미리 이야기하면 수월하게 진찰을 받을 수 있어요. 아이를 마트에 데리고 갈 때도 할머니는 마트에서 무엇을 사려고 한다는 걸 말해주고, 마트에서 사온 식료품으로 음식을 만들 때 도와달라고 하면 아이는 신이 나지요.

집에 손님이 오는 경우에도 아이에게 미리 말해주고 함께 손님 맞을 준비를 하는 것이 좋겠습니다. 손님이 와서 조용히 있어야 한다면 아이는 짜증을 낼 것이고, 손님이 재미있게 놀아주기라도 한다면 흥분해서 일상이 흐트러져 버리지요. 손님이 있으면 야단치지 않으리라는 것까지 아는 아이는 말을 안 듣고 제멋대로 할 수 있어요. 손님이 오기 전에 미리 지켜야 할 일을 말해주세요.

매일의 일과도 순서를 말해주면 아이와 씨름하지 않고 수월하게 할 일을 하게 만들 수 있습니다. "저녁밥 먹고 공놀이한 다음에 목욕하자?"라는 식으로 말해주면 할머니가 강압적으로 기분에 따라 자기를 다룬다는 생각이 들지 않지요. 순서가 꼭 고정될 필요는 없어요. 유연성을 가지고 아이가 좋아하는 방식으로 순서를 짜는 게 좋아요. 아이가 조금 더 커서 자기 의견을 말하게 되면 순서를 바꿔달라고 요구하기도 합니다. "공놀이 하지 말고 퍼즐해요." 이런 과정을 통해 아이는 자율성도 생기고 좀 더 큰 틀에서 자기 생활을 조절하는 법을 배우게 되겠지요.

일상의 순서를 잘 지키는 주인공이 나오는 이야기책을 읽는 것도 아이에게 일상의 규칙을 가르치는 데 도움이 되더군요. 앤서니 브라운의 《축구선수 윌리》는 우리 손자가 좋아하는 동화책이었어요. 윌리가 잠자기 전에 하는 행동이 순서대로 하나하나 적혀 있지요. "계단을 하나하나 세면서 천천히 이층으로 올라가, 손과 얼굴을 구석구석 깨끗이 씻고, 정확히 4분 동안 이를 닦은 다음, 잠옷으로 갈아입고(언제나 맨 위 단추부터 4개의 단추를 모두 채웠죠), 화장실에 다녀와서는 곧장 침대로 뛰어들었죠(물 내려가는 소리가 멈추기 전에 윌리는 침대로 가 있어야 했어요)." 손자는 그 내용을 거의 외우면서 행동의 순서를 머리에 익히는 것 같았어요.

인형놀이의 교육 효과

아이들은 자기중심적이어서 아직 남의 입장을 이해하기 어렵습니다. 상대를 때리고 물어놓고도 상대가 얼마나 화가 나고 아플지는 생각하지 못하지요. 아이와 인형놀이를 하면서 아이가 어떤 행동을 하고 있는지를 보여줘 보세요. 저는 여러 동물인형들에게 이름을 붙여주고, 한 인형이 아이와 똑같이 남을 때리는 모습을 연극처럼 보여주었어요. 그리고 다른 인형이 아파하고, 그 행동을 싫어하는 것을 보여주었지요. 아이는 자기가 그런 행동을 했기 때문에 조금 민망해하더군요. 병원놀이도 효과적이었어요. 병원에 가서 울고 떼쓰는 모습을 인형놀이를 통해 보여주었지요. 곰 인형은 의사, 흰 토끼는 간호사라고 이름 붙이고, 강아지 인형은 환자를 시켰어요. 다른 인형은 다들 진찰을 잘 받는데 강아지는 "잉잉" 우는 거지요. 인형들이 그것을 보면서 "쟤는 왜 울지? 주사 맞아도 별로 안 아픈데?"라고 말하는 거예요. 병원놀이를 하고 난 다음에 병원에 간 손자는 전과 달리 징징거리지 않고 진찰을 의젓하게 받더군요. 아이는 동화책에서 배우는 것보다 인형놀이를 통해 어떻게 행동해야 하는지를 구체적으로 이해하고 배우는 것 같았어요.

 엄마, 아빠가 집에 없고 하루 종일 할머니와 지낸다는 것에 속이 상해 있을 때, 인형놀이를 통해 엄마, 아빠가 회사에서 일을 하고 있지만 얼마나 아이를 사랑하고 있는지를 보여줘 보세요. 아이는 그런 놀이를 통해 위로를 받지요.

 이후에 아이는 혼자서도 인형을 가지고 역할놀이를 하면서 놀더군요. 인형 놀이는 아이를 안정시킬 뿐 아니라 상상력과 창의력을 키워주지요.

교육은 부모가, 할머니는 사랑만?

아이와 하루 종일 함께 지내다보면 물건을 집어던지거나 할머니 할아버지를 물거나 때릴 수가 있습니다. 동생이 있다면 동생을 때리고 꼬집기도 하지요. 아이가 이렇게 공격적으로 되는 데는 이유가 있을 거예요. 아이의 마음을 이해한다는 것을 표현해주셔요. 그렇지만 폭력적인 행동을 받아주어서는 안 되겠지요. 할머니도 화가 나서 자기도 모르게 손이 올라가 아이를 때릴 수가 있는데, 그 방법은 좋지 않습니다. 과거에는 매가 효과적이라고 생각했지만, 매를 맞은 아이는 더 화가 납니다. 매를 든 어른의 행동을 보면서 더 폭력적으로 될 가능성이 있습니다. 게다가 할머니가 자기 아이를 때렸다는 것을 알면 아이 부모는 맘이 많이 상할 거예요. 제 딸도 아이를 때리거나 야단치는 일은 자기가 할 테니 할머니는 사랑만 해주라고 부탁하더군요. 아이가 공격적인데 어떻게 사랑만 해줄 수 있는지 어이없기도 하지만, 방법이 없는 건 아니에요.

아이가 물거나 때리는 경우, 단호하게 그런 행동은 안 된다고 말하면서 아이를 안아 손과 발을 꼼짝 못하게 하셔요. 특히 남자 아이는 작은 아이라 해도 버둥대고 힘을 쓰면 나이 든 할머니가 못 당할 정도로 힘이 셀 수 있어요. 할머니는 다리와 어깨를 잘 이용해서 아이를 꼭 안고 아이가 버둥거리지 않을 때까지 기다렸다가 타이르도록 하셔요. 저는 화내지 않으려고 손자를 꽉 끌어안고

"결-박"이라고 말하면서 공격적인 행동을 제압했어요. 일단 몸에서 힘이 빠지면 공격적인 흥분이 잦아들면서 말을 듣더군요.

아이의 요구를 무시해야 할 때

아이는 자기 요구가 묵살되었을 때 화를 내고 못된 행동을 하기도 하지요. 아이 마음을 읽고 처음부터 대화가 잘 되었다면 아이가 떼를 부릴 일도 없겠지요. 그렇지만 아이의 잘못된 요구까지 다 들어줄 수는 없는 노릇이지요. 설명을 하고 달래는데도 아이가 소리 지르고 화를 낼 때는 무시하는 편이 좋습니다. 아이가 소리 지를 때 같이 소리 지르지 마세요. 같이 화내고 소리 지르면 아이는 더 큰 소리를 지릅니다. 그러면 할머니도 격해질 수 있어요.

아이가 큰 소리를 지를 때 아이의 뜻을 받아주면 점점 더 큰 소리를 내며 떼가 심해질 수 있습니다. 그때는 "작은 소리로 말할 수 있을 때 만나자"라고 조용히 말하고 방에서 나와 잠시 혼자 있도록 해보셔요. 화가 누그러지고 나면 어색해하면서 방에서 나올 거예요. 너무 오래 혼자 두지는 마시고 방 안을 살피셔요. 어떤 때는 혼자 방에서 잠이 들 때도 있더군요.

외출해서 아이가 떼를 쓸 때는 더 당황하게 됩니다. 아이도 외부에서는 어른이 어쩌지 못한다는 것을 알고 길에 드러눕기도 하고, 물건을 사달라고 소리를 지르기도 하지요. 아이들은 꾀가 멀쩡해서 통할 것 같은지 눈치를 보면서 행동해요. 저희 손자도 땅에 드러누울 때는 주변과 할머니 눈치를 살피면서 살짝 땅에 드러눕더군요. 마트에서 소리를 지르다가 옆에 경찰복을 입은 사람이 있으니까 잠잠해지기도 했어요.

    이런 상황에서 아이를 달래보려고 아무리 애를 써도 잘 안 되죠. 이럴 때 아이의 요구를 무조건 들어주지 마시고 작은 방이나 화장실 같은 좁은 공간으로 아이를 데리고 가셔요. 상황이 달라지거나 아무도 없는 공간에 가는 것만으로도 아이는 잠잠해집니다. 아이가 잠잠해지면 안 되는 것은 안 된다고 단호하게 이야기하셔요.

배변 훈련,
준비가 됐는지 궁금하다면

대소변 가리기는 아이나 할머니에게 아주 큰 사건입니다. 아이에게 자신을 통제할 수 있는 능력을 길러주는 첫 훈련을 할머니가 시작해야 하는 것이지요. 기저귀 떼는 일은 경제적으로도 크게 도움이 될 뿐 아니라 할머니 일도 많이 줄어들어 좋아요. 그래서 다른 집 아이가 일찍 기저귀를 떼었다는 말을 들으면 우리 아이도 배변 훈련을 해볼까 하는 생각이 들지요. 그렇지만 아무 때나 시작하면 성공하기 어렵습니다. 배변 훈련은 시기와 참을성이 성공의 비결이라고 해요.

언제부터 배변 훈련을 시작하는 것이 좋을까요? 보통 18~24개월에 변기에 앉는 데 관심을 갖기 시작하지만, 어떤 아이들은 두 살 반이 넘어서도 준비가 되어 있지 않기도 해요. 아직 준비가 되지 않았을 때 변기에 앉히기 시작하면 훈련 기간이 더 늘어나니까 너무 일찍 시도하지 마셔요. 남자아이는 여자아이보다 변기 사용을 배우는 데 시간이 더 많이 걸리니까 조급해하지 마셔요.

대소변 훈련은 나이보다는 신체적 정서적 준비가 더 중요하답니다. 미국의 대표적인 의료기관인 메이요 클리닉(Mayo Clinic)에서는 아이가 준비가 되었는지를 알아보기 위해 다음과 같은 물음에 답해 보라고 하네요.

□ 아기용 변기에 관심을 보이고, 팬티를 입고 싶어 합니까?
□ 단순한 지시를 이해하고 따를 수 있습니까?
□ 대소변을 보고 싶을 때 말이나 얼굴표정, 몸짓을 통해 표현할 수 있습니까?
□ 기저귀가 2시간 이상 젖지 않은 상태로 있습니까?
□ 기저귀가 젖거나 더러워진 것을 못 참습니까?
□ 기저귀나 팬티를 내리고 올릴 수 있습니까?
□ 아기용 변기에 앉고 일어설 수 있습니까?

대부분 '예'라는 답이 나오면 배변 훈련을 할 준비가 된 것이지만, 대부분 '아니오'라는 답이 나오면 기다리는 것이 좋겠지요. 여행이나 이사를 한다거나 동생을 본다거나 아프거나 할 때는 배변 훈련을 하기가 어려우니까 안정될 때까지 기다리는 것이 좋습니다. 이제 배변 훈련을 하기로 마음먹었다면 긍정적인 태도를 유지하고, 온 식구가 모두 훈련에 참여하는 것이 좋아요.

배변 훈련을 위해 가장 먼저 할 일은 아기용 변기를 준비하는 것이지요. 아기용 변기는 기존 화장실 변기 위에 올리는 것이 있고, 이동식으로 받아서 버리는 것이 있지요. 이동식을 이용하겠다고 하면 아이가 많은 시간을 보내는 장소에 놔두셔요. 요즈음엔 다양한 이동식 변기가 나와 있지요. 의자로 된 것도 있고, 자동차처럼 만들어진 것도 있더군요. 준비가 되었으면 아이를 거기에 앉혀보셔요. 기존 변기를 이용하는 경우에는 아이 발이 편안하게 바닥에 닿도록 발판을 마련해주셔요. 다리를 벌리고 앉아야 하는 변기는 아이가 다리 벌리는 게 익숙하지 않아서 처음에는 힘든 일이나 버릴지도 몰라요. 다리를 바닥에 대고 편하게 앉는 연습을 시키세요. "쉬~~", "응가"라고 말해주어 거기에 대소변을 본다는 것을 가르쳐 주셔요. 식구들이 화장실에서 변기를 사용하는 것을 보여주는 것도 한 방법이지요. 요즈음 대소변 훈련을 위한 동화책도 나와 있어요. 우리 손자는 책을 읽고 나서 변기에 앉더군요.

아이가 아기용 변기에 관심을 보이면 하루에 몇 번씩 기저귀를 벗기고 앉혀보셔요. 소변을 볼 만한 시간을 짐작해서 앉혀주는 것이 성공의 비결입니다. 우선 잠에서 깨어났는데 기저귀가 안 젖었다면 바로 앉히셔요. 물이나 우유를 마신 후 45분~1시간 후에도 앉히세요. 아이 옆에 있다 보면 소변볼 시간을 대충 짐작할 수 있으니까 그때 앉혀보서요. 대변이 마려우면 눈썹 주변과 얼굴이 빨개지면서 힘을 쓰려고 하지요. 그럴 때 얼른 변기에 데려가서요. 대부분 배변하는 시간이 정해져 있으니까 그 시간을 짐작해서 앉혀 주서요.

변기에 앉히고 "쉬~~", "응가"라고 말해주면 어느 순간 쉬나 응가를 할 수 있어요. 변기에서 쉬나 응가를 하고 나면 마구마구 칭찬을 해주서요. 아이는 칭찬을 들으면서 뿌듯해하고, 다음에는 수월하게 변기를 사용하게 됩니다. 혹시 칭찬받으려고 소변이 마렵지도 않은데 변기에 앉아 있을 수도 있어요. 그래도 옆에 앉아서 "쉬~~"라고 말하면서 칭찬해주서요. 한 번이라도 성공하면 기저귀를 벗기고 팬티를 입혀보서요. 아기가 좋아하는 무늬가 들어있는 팬티를 말이지요. 요즈음 기저귀는 너무 흡수가 잘 돼서 소변을 보았는지도 몰라 아이를 둔감하게 만들 수도 있어요. 팬티에 실수하면 축축하니까 대소변 훈련을 시키는 데 도움이 됩니다.

대소변 훈련을 할 때는 아이가 입고 벗기 쉬운 옷을 입히서요. 위 아래 붙어 있는 옷은 안을 때 허리가 나오지 않아 좋지만 스스로 벗기는 어렵지요. 허리에 단추가 있거나 지퍼를 내려야 하는 바지도 불편하기는 마찬가지입니다. 특히 청바지는 옷맵시는 나지만 뻑뻑해서 잘 내려지지 않지요. 대소변 훈련을 하는 동안에는 부드러운 천으로 된 고무줄 바지가 제격이지요. 대소변 훈련기에 여자아이에게 치렁치렁한 드레스는 입히지 마셔요. 긴 드레스는 옷을 들고 팬티를 벗기가 쉽지 않지요. 맵시보다는 편한 옷을 입혀주셔요.

아이가 대소변이 마려울 때 생식기 부분을 손으로 감싸면서 끙끙거린다든가 자기만의 어떤 표현을 하면 빨리 알아채고 변기에 앉히셔요. 아이가 "쉬", "응가"라고 말을 하면 많이 칭찬해주셔요. 이동식 변기에 일을 보았다면 통을 꺼내어 들고 화장실 변기 물을 내려 흘러나가는 것을 아기에게 확인시켜 주셔요. 어른 변기에서 용변을 보면 아이가 들여다보게 해주고, "형처럼 응가를 했구나" 하고 칭찬하면서 물을 내려주셔요. 그리고 함께 손을 씻으셔요.

남자아이도 처음에는 앉아서 소변보는 습관을 들여야 합니다. 아빠처럼 서서 소변보는 경험을 하고 나면 아주 의기양양해져서 다시는 변기에 앉지 않으려고 해요. 그 자세가 편하기도 하고, 앉았다 일어서지 않아도 되기 때문이겠지요. 서서 소변보는 습관이 들면 앉아서 대변보는 것이 힘들어질 수 있답니다. 그러니 앉아서 대변보기가 완전히 습관이 든 다음에 서서 소변보는 것을 허용하셔요. 서서 소변보기를 시작하면 조준 연습을 시키셔요. 어떤 엄마는 화장실 변기 속에 물에 녹는 과자 조각을 넣어주고 그것을 맞추도록 하며 조준 연습을 시켰다고 하네요.

아이가 변기에 앉기 싫어하고 거부하면 얼마 동안은 대소변 훈련을 시도하지 마시고, 준비가 되었을 때 다시 시도하셔요. 우리 손자는 소변은 18개월 무렵 가렸지만, 변기에서 대변보는 걸 한참 동안 거부했어요. 이동식 변기에 대변을 보다가 중간에 일어서서 변기 속을 들여다보더니 변이 몸에 묻을까봐 질겁하고 도망가더군요. 그 후 아이는 다시는 변기에서 대변을 보지 않으려 하고, 대변볼 때마다 기저귀를 채워달라고 소리를 질렀지요. 거의 만 세 살이 되어 화장실을 사용하게 되면서 중간에 물을 내릴 수 있으니까 안심하고 배변을 하더군요. 그제야 대소변 훈련의 대장정이 막을 내렸어요.

배변 훈련이 되었다고 해도 밤에는 잦은 실수를 할 수도 있어요. 실수하더라도 야단치지 말고 밤에는 기저귀를 채우셔요. 잠자다가 일어나 변기에 앉는 것은 더 시간이 걸릴 수도 있습니다. 아이들은 노는 게 너무 즐거우면 소변보는 데 신경을 못 쓰고 실수를 할 수 있어요. 이런 경우를 위해 밖에 나가기 전에, 차타기 전에, 친구랑 놀기 전에 미리 일을 보게 해주셔요.

TV와 비디오는 아기에게 위험하다

아이들은 TV나 비디오 영상을 보는 동안에는 할머니를 귀찮게 하지 않습니다. 2~3개월 된 아기도 TV나 비디오의 현란한 영상에 빠져들어요. 아이들은 움직이고 소리 나는 장난감을 좋아하는데, TV나 비디오의 영상은 더 자극적이니까요. 아이가 조용히 TV를 보고 있으면 그동안 밀린 일도 하고 전화 통화도 할 수 있어서 어린이 프로그램이나 교육용 비디오를 보여주고 싶은 마음이 듭니다. 하루 종일 아기와 씨름하느라 친구도 만날 수 없는데 TV 드라마를 보는 것이 유일한 낙이라는 할머니들도 있습니다.

아기 엄마들은 할머니가 TV나 비디오에 아이를 내맡긴다는 것을 알면 질색을 합니다. 친정엄마라면 뭐라고 불평이라도 하지만 시어머니에게 아이를 맡기는 엄마들은 전전긍긍하지요.

미국 소아과협회(AAP)는 2세 이하 아이에게 절대로 TV와 컴퓨터 화면을 보여주지 말라고 권고합니다. 2세가 넘어도 하루 한두 시간 이상은 보여주지 않아야 한다고 하는데, TV가 뇌 발달에 나쁜 영향을 미치기 때문입니다. 미국 시애틀에 있는 아동병원에서 시행한 연구에 따르면, 1~3세에 TV를 많이 본 아이들은 7살 때 주의력에 문제가 있었다는 것입니다. 과도하게 TV를 본 아이들이 주의집중에 어려움을 겪었다고 하네요.

TV와 비디오의 빠르게 움직이는 영상은 강력하게 주의를 잡아당기지요. 동영상은 노력을 기울여서 주의를 해야 하는 일을 못하게 만듭니다. 특히 어린 시절에는 주의를 기울이는 훈련을 하는 것이 매우 중요한데, 영상물은 그것을 방해하고, 뇌의 회로가 발달하는 것을 바꾼다고 해요.

TV를 많이 보는 아기의 뇌에서 일어나는 일

TV를 꼼짝하지 않고 보고 있는 아이를 보면서 집중력이 대단하다고 생각할 수 있어요. 손주를 맡아서 키워주고 있는 우리 친구들은 입을 모아 TV의 좋은 점을 이야기합니다. 자기 손주가 TV 방송을 보면서 지식이 늘고, 어린데도 선호하는 프로그램이 있어서 내용을 외우고 몰입한다고 말이지요. 그것은 수동적으로 주의를 빼앗기는 것이지 자기 스스로 적극적으로 주의를 기울이는 것이 아닙니다. 오히려 영상물은 정상적으로 발달해야 하는 뇌의 회로를 바꾸어서 스스로 생각을 해야 하는 때에 집중하기 어렵게 만듭니다. 영상물을 어릴 때 보는 것은 생각을 조직하고 계획하는 데 책임이 있는 뇌의 전전두엽의 중추를 마비시킨다고 합니다.

만 2살까지 뇌는 수동적으로 주의를 끄는 영상을 보는 것보다는 사람들과의 상호작용을 통해 발달합니다. 이 시기에 아기는 사람과 눈을 맞추며 옹알이를 하고 말을 배워야 합니다. 또한 기고, 걷고, 계단을 오르면서 몸을 움직이며 놀아야 신체 발달도 정상적으로 이루어지지요. 그런데 이 시기에 TV를 가만히 앉아서 보고 있으면 자연스럽게 이 모든 것을 할 기회를 놓치게 되어요. 어떤 엄마는 아기를 TV에 맡겨 두었더니 옹알이도 줄었다고 하더군요. 이 시기 아기는 양육자와 상호작용을 하면서 애착을 형성하고 언어를 배워야 하는데, TV는 그것을 방해합니다.

적어도 2살까지는 TV를 보여주지 말라는 미국 소아과학회의 지침을 우리도 심각하게 고려해야겠습니다. 아이를 보는 하루가 너무 길어 그렇게까지 못하겠다면 하루 1시간 이내로 시간을 정해놓고 어린이 프로를 보여주셔요. 아이 혼자 TV를 보게 하지 마시고 함께 시청하면서 노래를 따라 부르고, 율동을 같이 해보는 건 어떨까요? 할머니가 꼭 TV를 보고 싶다면, 아이가 잠자는 시간에 보도록 하셔요.

TV 프로그램이나 비디오는 교육적으로 만들어진 것이라 할지라도 이미지가 빠르게 변하지요. 그러나 실제 삶은 느린 속도로 진행되잖아요. 아이가 자라 앞으로 학교에서 해야 하는 공부는 느리게 책을 읽고, 글씨를 쓰고, 생각을 해야 하는 것입니다. 부모나 친구들과 이야기를 나누고, 사랑을 주고받는 일상적인 생활도 매우 느리게 진행되지요.

그렇지만 사람은 나이가 어리나 많으나 빠르게 변화하는 자극에 주의를 빼앗기게 되어 있어요. 우리도 예전에 보았던 영화나 TV 방송을 지금 다시 보면, 어떻게 저리 느려터진 이야기를 그때는 좋다고 했는지 이해가 안 될 때가 있잖아요. 이제는 전개 속도가 느린 프로그램은 지루해서 보지도 않게 되지요. 그러니 점점 TV 프로는 사람들 눈길을 사로잡기 위해 빨라지고 자극적이 됩니다.

영어 비디오와 유사 자폐증

어릴 때부터 TV를 보다 보면 책을 읽거나 학교에서 하는 공부가 지루해질 수 있어요. 비디오나 TV를 볼 때는 뇌가 활성화되지만 일상에서는 뇌가 활성화되지 않아 집중력이 저하되는 것이지요. 이런 현상을 팝콘처럼 강한 자극에만 반응한다고 해서 '팝콘 브레인'이라고 부르기도 합니다.

요즈음 조기 교육에 좋다는 교육용 비디오가 많이 나오고 있어요. 표지부터 아이가 천재가 될 것 같은 느낌이 들게 만들었더군요. 영어 조기교육을 위해 갓난아기 때부터 영어 비디오를 틀어주기도 하지요. 그러나 아이가 비디오를 많이 본다고 영어가 저절로 느는 것은 아니에요. 우리 손자 친구는 중국인인데, 영어를 못하는 할머니, 할아버지가 아이를 돌보고 있었어요. 그 아이 엄마는 아이가 미국사회에 잘 적응하도록 하기 위해 영어 비디오를 사 주었고, 할머니는 영어 비디오를 아이에게 하루 종일 보여주었어요. 아이는 할머니, 할아버지와 대화가 별로 없었기 때문에 중국어를 제대로 배우지 못했고, 그렇다고 영어를 잘하지도 못했어요. 나중에 학교에 들어가서는 미국에서 태어났으면서도 외국인을 위한 특별수업(ESL)을 들어야 했어요. 비디오 효과가 별로 없었던 거지요.

게다가 어린 아기가 하루 두 시간 이상 비디오를 보면 유아 비디오 증후군에 걸릴 위험이 있답니다. 혼자 비디오만 보다가 언어, 행동, 사회성, 인지, 정서적 발달이 지연되는 유사 자폐증이 생기는 것이지요. 꼭 교육용 비디오를 틀어주어야겠다고 생각한다면 하루에 한 시간을 넘지 않아야 합니다.

2살이 넘어서도 너무 많은 TV 시청은 금지하는 게 좋습니다. 어린이 프로라 하더라도 폭력적이거나 공격적인 내용이 많이 삽입되어 있습니다. 아이들의 눈길을 끌고 재미있게 만들려다 보니 자극적인 내용이 점점 많아지는 거지요. 공격적인 TV를 본 후 아이들이 때리고 싸우는 경향이 늘어난다는 연구결과가 많이 있습니다.

　게다가 TV 프로그램 내용은 우리가 직접 선택할 수 없어요. 방송에서 보여주는 대로 볼 수밖에 없지요. 그럼에도 꼭 TV를 보여주어야 한다면 다시보기 프로그램에서 좋은 방송만 골라 보여주거나 비디오를 선별해서 보여주는 것이 안전하겠지요.

　TV는 아이를 돌보는 입장에서 달콤한 사탕 같은 도구지만, 장기적으로는 아이에게 아주 위험한 도구가 될 수 있습니다. 저희는 아이가 두 살이 될 때까지는 아예 TV를 없애버렸어요. 어른들 스스로도 보고 싶은 유혹을 받으니까요.

　아이 엄마들은 TV가 위험하다는 것을 알고 있기 때문에 TV를 보여주는 할머니와 갈등이 생길 수 있습니다. 엄마 입장에서는 육아를 잘해 달라고 할머니에게 부탁했는데 잘못한 건 아닌가 하는 생각이 들 수 있습니다. 할머니 육아를 잘 해주려고 마음먹었다면 뇌가 자리 잡는 인생의 초기에 온전히 아이에게 집중하고 TV나 비디오에 육아를 부탁하지 않으면 좋겠습니다. 손주가 앞으로 사회성도 좋고 공부도 열심히 하는 아이로 자라게 하고 싶다면 말이지요.

말을 배우는 결정적인 시기가 있다

갓 태어나서는 그저 울음으로만 자신의 상태를 알리던 아기가 말을 배우고 마음속을 털어놓고 사랑을 표현하는 걸 보면 인간이라는 존재의 신비로움에 감탄하게 됩니다. 얼마 전 7살 생일을 맞은 손자가 미국에서 전화를 걸어서는 "할머니, 나는 한국에 있는 사람들 중에서 할머니를 제일 사랑해요"라고 말해주었을 때 얼마나 감격했는지 몰라요. 사실상 '한국에 있는 사람들 중에서'라는 말로 사랑하는 사람 순위에서 뒤로 많이 밀려나 있다는 걸 넌지시 암시했지만, 그 순간 기분이 참 좋았지요. 아이는 거짓말을 하지 않으면서도 상대방의 마음을 사로잡는 말의 힘을 벌써 알아버린 것 같습니다.

언어는 인간이 다른 동물과 구별되는 독특한 특성입니다. 동물들도 의사소통을 할 수는 있지만 인간은 언어를 통해 의사소통을 하고 언어를 창의적으로 만들어낼 수도 있어요. 시인들의 시어를 보면, '이런 표현도 가능하구나' 놀랄 때가 있잖아요.

말을 배우기 시작한 아이들도 나름대로 언어를 만들어내기도 합니다. 우리 손자는 말을 시작한 초기에 영어의 'hi'와 'bye'를 가지고 거의 모든 표현을 했어요. 'hi'는 누군가를 만났을 때 반갑게 하는 인사니까 갖고 싶거나, 보고 싶거나, 옆에 있으면 좋겠다는 표현을 'hi'로 했지요. 엄마가 없을 때 울면서 'mommy hi'라고 엄마가 보고 싶다는 표현을 했어요. 반대로 'bye'는 헤어질 때 하는 인사니까 없다는 것을 'bye'로 표현하더군요. 개가 가버렸는 것을 'doggie bye'라고 말했어요. 이런 능력은 도대체 어디에서 오는 걸까요? 촘스키(N. Chomsky)라는 언어학자는 인간은 언어 습득을 할 수 있는 능력을 선천적으로 가지고 태어난다고 주장하지요.

언어를 습득하는 능력을 가지고 태어난다고 해도 언어 발달이 이루어져야 하는 '민감기'가 있어서 그 시기에 사람들의 말을 듣고 따라 하지 않으면 언어를 배우기 어렵습니다. 미국에 제니라는 아이가 있었어요. 아이 아버지는 아이를 싫어해서 제니를 2층 구석방에 감금하고 먹을 것만 들여보내 주었다고 해요. 14살이 되어서야 이웃이 그 사실을 발견해 고발했고, 제니는 세상에 나오게 되었습니다. 제니 아버지는 아무도 아이에게 말하지 못하도록 했기 때문에 제니는 감금되어 있는 동안 거의 말을 들어보지 못했지요. 14살이 된 제니에게 언어를 가르치려고 했지만 제니는 단어와 단어의 의미를 배울 수 있을 뿐 문법은 제대로 사용하지 못했다고 해요.

아기는 어떻게 말을 배울까

아기는 선천적으로 언어를 배울 수 있는 능력을 가지고 태어나고, 듣는 능력이 아주 일찍부터 발달해 있습니다. 태내에서부터 들을 수 있다는 것이 알려지면서 요즈음 임산부들은 태아에게 이야기도 들려주고 음악도 들려주지요. 태아기 때 이미 귀와 뇌를 연결하는 신경조직이 발달되기 때문에 뱃속에서 엄마 목소리에 익숙했던 아기들은 태어나자부터 자기 엄마 목소리와 다른 소리를 구별할 수 있답니다.

출생 후 4주가 되면 인간의 말을 듣고 이해하는 데 필요한 음소를 구별하는 능력이 생깁니다. 이때부터 뇌에 특정한 소리만 처리하는 세포가 정해지고 연결회로를 만들게 되어요. 예를 들어 r 소리를 처리하는 뇌세포, l 소리를 처리하는 뇌세포가 정해지는 거지요. 이때 아기는 모든 언어에서 쓰이는 소리를 구별할 수 있어요. 우리가 잘 알아듣기 힘든 영어의 r과 l의 차이, g와 z의 차이를 아기들은 우리보다 더 잘 구별합니다. 그러나 점차 주변에서 들리는 소리를 들으면서 모국어에 민감해집니다. 어릴 때 어떤 말소리를 듣고 자라는지가 아주 중요한 것이지요. 영어를 듣는 아이는 영어에 필요한 뇌의 회로가 만들어지고, 한국어를 듣는 아이는 한국어 회로가 만들어집니다. 생후 9개월만 되면 모국어와 관련된 음소를 알아듣는 뇌의 회로가 자리를 잡는답니다.

아이는 다른 사람의 말을 듣고 모방하면서 말을 배웁니다. 이것을 가능하게 해주는 것이 뇌에 있는 '거울신경세포'라는 것이 밝혀졌어요. 아이 앞에서 혀를 내밀면 아주 어린 아기도 혀를 내밀지요. 하품을 하면 따라서 하품하구요. 도리도리나 짝짜꿍을 따라 할 수 있습니다. 이처럼 모방할 수 있게 해주는 것이 거울신경세포입니다. 거울신경세포가 있어서 아이는 어른의 입 모양과 입술, 혀 모양을 보면서 말을 배우는 것입니다.

이런 점에서 보면, 아이의 언어 발달을 위해서는 아이와 얼굴을 마주 보고 많이 이야기해 주고 상호작용하는 것이 중요합니다. 또 아이들은 상호작용을 통해서 단순히 모방만 하는 것이 아니라 대화의 규칙을 배워요. 7~8개월만 되면 옹알이를 하는데, 이때부터 대화의 규칙을 배우기 시작합니다. 상대방이 말을 하면 소리 내지 않고 들으면서 기다렸다가 상대가 말을 멈추면 옹알이를 하는 것이지요. 아기는 아직 말은 못하지만 교대로 순서를 지키는 것, 서로 시선을 맞추는 것, 함께 같은 것에 주의하는 것 같은 대화의 기본을 터득합니다.

어린 아기는 높은 톤의 여자 목소리를 좋아한다고 합니다. 뱃속에서부터 익숙한 엄마의 목소리 때문인지도 모르지요. 그러니 할머니가 아이를 맡아 키우면서 높은 목소리로 아이와 눈 맞추고 즐겁게 대화를 주고받는 것이 아이의 정서뿐 아니라 언어 발달에 도움이 되어요.

다른 사람의 말을 알아듣고 이해하는 뇌의 언어이해 회로는 첫돌 이전부터 발달하지만, 말을 만들어 하는 뇌의 언어표현 회로는 늦게 발달해요. 그래서 아이는 말을 시작하기 전에 말을 알아듣고, 언어 표현은 안 되더라도 몸짓으로 자기를 표현하지요. 예를 들어 우유를 먹고 싶을 때 냉장고를 가리키며 검지를 입에 넣는 시늉을 하기도 하지요.

아이는 몸짓을 상징으로 사용하면서 언어의 상징도 배워 가는 것 같아요. 아이가 몸짓으로 표현할 때 모른 체하지 마시고 대답해 주면서 요구를 들어주세요. "우유 먹고 싶구나?"라고 말하면서 우유를 꺼내주는 거지요. 아이가 언어를 배우는 첫 단계에는 활발한 대화가 중요하답니다.

보통 12개월경에 첫 단어를 말하게 되는데, 이 시기는 뭐든 모방하는 시기예요. 할머니가 사물의 이름을 반복해서 말해주는 것을 듣고 모방하면서 단어를 배우고 말을 시작하는 것이지요. 교육의 시작입니다. 18개월에는 언어표현을 담당하는 뇌가 급격히 발달하면서 한두 단어를 말하던 단계에서 폭발적으로 어휘가 늘어나게 됩니다. 그러나 알고 있는 어휘가 많아진다고 해서 말을 잘할 수 있는 것은 아니지요. 우리가 영어를 구사할 때 문법을 제대로 모르고 '콩글리시'를 하면 상대방이 잘 알아듣지 못하지요. 제니처럼 단어만 알아서도 의사소통이 어렵습니다. 사람들과 대화를 하려면 자기가 아는 단어를 문법에 맞게 배치해야 합니다.

처음 말을 시작하는 단계에서는 "맘마 먹자" 같이 단순한 문장을 들려주는 것이 좋아요. 그러다가 곧 어른에게 말하듯 문장을 늘려주세요. 아이가 틀리게 발음한 것은 고쳐줄 필요가 없습니다. 아이가 짧게 말한 내용에 덧붙여 더 풍부한 문장을 만들어주세요. 아이가 "엄마 없다"라고 말하면 "엄마가 일하러 회사 갔지? 엄마는 회사에서 열심히 일하고 있을 거야."라는 식으로 말이지요. 아이는 이런 긴 문장을 들으면서 문법을 배우고, 언어 능력이 좋아집니다.

수다스러운 할머니가 공부 잘하는 아이로 키운다

할머니가 아이에게 긴 문장으로 많은 이야기를 들려주고 기분 좋은 말투로 말을 걸어주면 언어 발달이 빠르지요. 하지만 할머니가 과묵하게 말없이 아이를 돌보면 언어 발달이 더딥니다. 어른들이 말을 많이 하고 수다스러운 환경에서 자란 아이는 뇌 발달이 잘 이루어지지요. 할머니가 신경 써야 하는 부분입니다.

언어 발달에는 개인차가 큽니다. 일반적으로 여자아이들은 말을 빨리 시작하지만 남자아이들은 좀 더디지요. 여자들은 말을 할 때 양쪽 뇌를 모두 사용하지만 남자들은 왼쪽 뇌만 사용하기 때문에 말이 늦다는 이론이 있어요. 그래서 남자아이들에게는 오른쪽 뇌를 활성화시킬 수 있도록 의성어를 쓰거나 리듬을 만들어 말을 해주면 말을 배우기가 수월합니다.

우리 손자도 말이 느렸어요. 첫 단어를 말하고 나서도 문장으로 말하지 못하더군요. 집에서 한국말을 쓰고 어린이집에서는 영어를 쓰니까 문법이 달라서 배우기 어려운가 보다 생각했었지요. 그러나 노래를 함께 부르니까 노래 가사는 잘 따라하더군요. 결국 다양한 노래를 하면서 말이 늘었어요.

성격 차이도 있어서, 내향적인 아이들보다는 외향적인 아이들이 더 빨리 말을 배웁니다. 자기가 생각하는 것을 표현하려고 드니까요. 돌봐주는 사람과 좋은 관계를 맺고 있는 것도 중요해요. 아이가 할머니에게 인정받고 사랑받는다고 느끼면 편안하게 자기를 표현하지만 야단치고 무서운 할머니에게는 눈치 보면서 말이 더딥니다.

말을 억지로 가르치려고 질문하거나 강요하지 마셔요. 말을 가르친다고 그림책을 놓고 "이건 뭐야?"라는 식으로 다그치지 말고 "자동차구나, 빠방 하고 달리는 자동차"라는 식으로 이야기를 하는 게 좋습니다. 그리고 따뜻하고 행복한 분위기에서 대화를 많이 해주셔요. 손주를 봐주는 할머니가 아이와 대화를 많이 하면 아이의 표현력이 좋아지더군요.

첫 3년 동안 일대일 대화를 많이 한 아이들은 학교에 들어가서 독서 능력, 철자법, 말하기, 청취 능력 등의 언어 능력이 뛰어났다는 연구결과도 있습니다. 언어가 발달하는 결정적 시기에 사람들이 말하는 것을 직접 들으며 상호작용하지 못하면 언어 발달이 어려워져요. 특히 첫 3년 동안 아이가 얼마나 많은 말을 듣는가, 아이가 들은 말에 포함된 단어의 종류가 얼마나 다양한가, 문장이 얼마나 긴가에 따라 언어 능력은 달라집니다. 긍정적인 말을 듣는 것도 중요해요. '그만', '안 돼'와 같은 부정적인 말을 많이 듣고 자란 아이들은 언어 능력이 더 떨어집니다.

말없는 할머니와 지내면서 언어 발달이 늦다고 걱정하는 엄마들을 종종 봤어요. 할머니가 아이에게 매번 "밥 많이 먹어라", "배고프니?" 같은 말만 반복하지 말고 아이의 언어 발달을 위해 다양한 형용사, 명사를 사용해 긴 문장으로 이야기해 주어야 합니다. 그게 잘 안 된다면 긴 문장이 들어 있는 동화책을 많이 읽어주는 것이 좋습니다. 눈이 안 보여서 동화책을 읽어주기 어렵다는 할머니들을 많이 보았어요. 항상 돋보기를 주머니에 넣어 다니면서 재미나게 동화책을 읽어주셔요.

언어 습관과 학습 능력의 관계

요즈음 청소년들 말투를 보면 걱정이 됩니다. 욕을 달고 사니까요. 세상이 아무리 사납게 변해도 우리 손주는 그런 말투를 배우지 않았으면 하는 마음이 들지요. 부정적인 어휘를 많이 사용하고 욕을 하는 경우, 마음뿐 아니라 사고과정에도 영향을 미친다는 연구 결과가 있어요. 그래서 나쁜 말을 쓰는 아이들일수록 학습 능력이 떨어진다고 합니다.

하루 종일 할머니와 지내는 아이들은 할머니 말투를 그대로 따라 하게 되어요. 우리 손자가 말을 할 때마다 "저기"를 접두어처럼 붙이며 말을 해서 이상하다고 생각했는데, 제가 말을 할 때마다 생각을 고르느라고 "저기"를 붙이고 있더군요. 이북 사투리를 쓰는 제 친구의 손녀는 할머니 억양을 그대로 쓰더군요. 아이가 어른의 거울이라는 말이 틀린 말이 아니었어요. 그러니 아이에게 좋은 언어 습관을 들여 주기 위해서는 우리가 좋은 본을 보여주어야겠어요.

아이에게 존댓말로 말을 시작해보셔요. 아이는 자연스럽게 존댓말을 사용하게 되고, 사람에 대한 존중도 배우게 됩니다. 그리고 긍정적이고 즐거운 태도로 일상을 이야기해 주셔요. 아이도 긍정적으로 세상을 바라보게 됩니다. 아이들 앞에서 사람들을 흉보거나 욕하지 마셔요. 아이가 욕을 배울 뿐 아니라 비난을 일찍부터 배우고 그것이 태도가 되면 인생을 사는 게 힘들어지겠지요.

아이는 말을 배우면서 "이거 뭐야?"라는 질문을 하고, 다음에는 "왜요?", "어떻게요?"라는 질문을 계속합니다. 좀 더 크면 더 어려운 질문을 해대지요. 아이는 이런 질문을 통해 필요한 정보를 얻고, 어른이 가진 것과 비슷한 지식구조를 만들어가게 됩니다.

아이들의 질문은 그 아이의 인지 수준과 관련이 있어요. 인지발달에 맞는 질문을 하는 것이지요. 아이의 질문에 귀찮더라도 성심껏 대답해주세요. 꼬리를 무는 아이의 질문에 잘 대답해주면 아이는 질문을 계속하면서 지식을 넓혀 가지요. 하지만 어른이 귀찮아하면서 "몰라", "질문 좀 그만해라"라고 하면 두 살짜리도 더 이상 질문을 하지 않고 세상에 대한 관심을 억누르거나 포기합니다. 아이는 질문을 통해서 지식을 쌓고, 머릿속에 지식의 구조가 세련되어집니다. 모르는 부분은 아이와 함께 책을 뒤져가면서라도 대답해주세요. 할머니가 아이 질문에 답할 수 없다는 것이 자존심 상할지 모르지만, 함께 탐구하는 과정이 아이에게 오히려 더 좋은 영향을 줍니다.

학교에서 공부하고 직장에서 일할 때 가장 중요한 것은 자기 스스로 찾아서 공부하고 일하는 것이지요. 학원에 가고 학습지를 하는 것보다 자기 주도적인 학습이 중요하다고 하잖아요? 아이가 호기심을 가지고 어릴 때부터 질문을 하고, 질문에 대한 답변을 듣고, 또 다른 질문을 만드는 것은 자기 주도적인 교육의 시작이라는 생각이 드네요. 아이가 이미 가지고 있는 질문의 습관을 막지 마시고 키워주셔요. 할머니의 친절한 대답이나 모르는 것을 함께 탐구해 보려는 노력은 아이가 자기 주도적으로 학습할 수 있는 능력을 키워 가는 데 밑거름이 될 거예요.

어린이집에 보내기 전,
떨어지는 연습이 필요하다

어린 아기가 너무 예뻐서 그냥 그 상태로 있으면 좋겠다는 생각을 한 때도 있었지요. 그렇지만 어느 틈에 미운 두 살이 되고 떼를 쓰기 시작하면 아이 돌보는 일이 힘에 부칩니다. 아이도 하루 종일 집에만 있는 걸 재미없어하고 힘들어하고요. 아이는 하루하루 달라지고 에너지가 넘치는데, 할머니가 재미있게 놀아주고 교육시키기에는 한계가 있다는 것도 느끼게 됩니다. 놀이터에 나가 놀다가 집에 들어오기 싫어하는 걸 보면서 이제는 어린이집이라도 보내는 게 좋겠다는 생각도 들지요.

그런데 아직 준비되지 않은 채로 어린이집에 보내면 아이가 힘들어할 가능성이 높습니다. 미리미리 사회생활을 할 수 있을 정도로 아이를 훈련시키는 것이 좋지요.

아이가 가정을 벗어나 조금 더 큰 세계에 적응하기 위해서는 가족 외에 다른 사람들과도 함께 지낼 수 있어야 합니다. 낯가림이 심한 시기라도 평소에 할머니와 둘이 집 안에서만 지내기보다는 바깥출입도 하면서 사람들을 접하는 경험이 필요합니다. 아직 걷지 못할 때는 유모차에 태워 집 앞 공원에 데리고나가 산책하면서 이 사람 저 사람을 만나 이야기 나누는 모습을 보여줄 수 있지요. 조금 커서 걸을 수 있으면 놀이터에 나가 다른 아이와 함께 놀기도 하고, 이웃 어른들을 만나다 보면 다른 사람들과도 편해질 수 있습니다.

집에만 있던 아이들은 다른 공간에서 불안을 느낄 수 있습니다. 요즈음은 아이를 위한 공간이 많아져서 그런 곳에 가서 또래아이들을 만나게 하고 분리 훈련을 서서히 할 수 있습니다. 처음에는 아이가 새로운 공간에 들어가려고 하지 않을 수 있어요. 할머니와 함께 가서 편안해질 때 들어가는 것이 좋습니다.

아이가 할머니와 함께 즐길 수 있는 프로그램이 어디에 있는지 적극적으로 알아보셔요. 시에서 운영하는 '아이맘 카페'가 있습니다. 놀이기구와 장난감, 동화책을 비치해 놓은 방도 있고, 다양한 교육 프로그램도 운영하고 있어요. 비싸기는 하지만, 음식도 팔고 차도 팔면서 다양한 놀이기구를 비치해 놓은 '키즈카페'도 이용해 보셔요. 동네마다 많이 있으니까 비가 와서 밖에 나갈 수 없어 아이가 지루해할 때 두세 시간 즐겁게 놀다 올 수 있어요. 할머니가 속 풀이라도 하고 싶다면 아이는 놀고, 할머니는 친구와 함께 차를 마시면서 이야기를 나눌 수 있는 공간이지요. 닫힌 공간이고 돌보는 선생님들이 많이 있으니까 아이를 잃어버릴 염려가 없어 안심할 수 있습니다. 큰 아이들이 노는 것을 보면서 흉내 내며 놀 수도 있고, 선생님이 마술을 보여주는 곳도 있어 아이가 재미있어 하더군요. 입고 싶었던 공주 옷, 우주인 옷을 입어볼 수도 있고요. 아이는 놀다가 할머니가 있는 곳으로 달려와 간식을 먹거나 물 한 모금을 마시면서 할머니가 가까이 있다는 것을 확인한 뒤 다시 놀러갈 수 있어 마음 편하게 노는 것 같더군요. 여기저기 다녀본 아이는 마음에 드는 장소가 생겨요. 우리 손주는 한국에 나오면 자기가 좋아하는 키즈카페가 있어서 그곳만 가자고 했어요.

문화센터에도 다양한 프로그램이 준비되어 있지요. 요즈음은 동네에 있는 마트도 문화센터를 운영하더군요. 아이가 아직 떨어지려 하지 않으면 엄마와 함께하는 프로그램에 할머니가 아이를 데리고 참석해도 됩니다. 규칙적으로 보내지 않더라도 일회성으로 하는 음악, 미술, 놀이 프로그램에 참여할 수 있어요. 할머니도 아이와 어떻게 놀아야 할지 아이디어를 얻게 되고, 아이는 쭈뼛거리지 않고 적응하는 법을 배우게 됩니다. 단체생활의 기초를 익히는 거지요. 이렇게 동네 주변 놀이방이나 프로그램에 다니면서 아이는 그런 장소가 집보다 더 재미있다는 것을 알게 되고 때로는 집에 안 가겠다고 떼를 쓸 정도로 좋아합니다.

껌 딱지처럼 붙어 있는 아이의 경우

아이가 자연스럽게 이런 장소에 익숙해지고, 다른 아이들과 어울리는 데 문제가 없다면 어린이집에 몇 시간이라도 보내는 것이 덜 지루하고 재미있을 수 있습니다. 그렇지만 어린이집은 한두 번 가는 곳이 아니라 매일 다녀야 하는 곳이고, 부모나 할머니와 떨어져 단체생활을 해야 하니까 분리 훈련이 필수적입니다.

18개월이 지나면 아이는 눈앞에서 물건이 사라져도 여전히 존재한다는 것을 알게 됩니다. 이 시기에 숨바꼭질을 하면서 아주 재미있어 하지요. 그러니 할머니가 눈에 안 보여도 다른 방에 있으면 안심하고 지낼 수 있습니다. 애착이 잘 형성되어 신뢰감이 있는 아이들은 집에 할머니가 있는 것만 알면 불안해하지 않고 혼자서도 잘 놀지요. 여전히 할머니에게 껌 딱지처럼 붙어서 떨어지지 않는 아이도 있어요. 이런 아이는 지금이라도 많이 안아주고 쓰다듬어 주세요. 그러면서 혼자 지내는 연습도 종종 시키세요. 방에서 장난감을 가지고 잘 놀고 있으면 살그머니 나왔다가 다시 가주는 식으로 말이지요. 워킹맘을 둔 아이들은 엄마가 나가더라도 저녁에 들어온다는 것을 경험하기 때문에 할머니나 식구들이 잠시 없더라도 다시 돌아온다는 것을 쉽게 수용합니다. 그런 믿음을 바탕으로 아이는 다시 식구들을 만날 것을 기대하며 불안해하지 않고 어린이집에 갈 수 있지요.

그 외에도 여러 가지 훈련이 되어 있으면 아이가 공동생활을 편하게 시작할 수 있습니다. 어린이집에 가게 되면 아침에 정해진 시간에 등원하고 낮잠도 정해진 시간에 자야 합니다. 따라서 정해진 시간에 일어나고, 낮잠도 오후에 한 번 자는 습관을 들여 주는 것이 좋습니다. 배변 훈련도 끝나고, 배변 시간도 조절이 된다면 어린이집에서 편안하게 지낼 거예요. 어떤 아이는 변비로 배변을 힘들어하면서 어린이집에 안 가겠다고 하더군요. 우리 손자도 참았다가 집에 와서 대변을 보더군요. 아이들도 잘 모르는 사람 앞에서 배변하거나 냄새나는 기저귀를 맡기는 것을 좋아하지 않아요. 우리 손자는 두 살이 넘어서까지 기저귀에 대변을 보았는데, 집안 구석 아무도 안 보는 곳에 숨어서 일을 보았어요. 그리고 아무나 기저귀 갈아주는 것을 싫어했지요.

혼자 스스로 옷을 입고 벗을 수 있어야 적응하기 편합니다. 밥도 혼자서 잘 먹고, 골고루 먹을 수 있어야 식사시간이 자유롭고, 선생님에게 칭찬을 받습니다. 아이들은 특히 선생님의 칭찬에 목마르니까요.

어린이집에서는 선생님 혼자 많은 아이를 돌보기 때문에 아이들 하나하나 일일이 신경을 써줄 수 없어요. 그래서 행동을 통제하고 훈련을 시킬 거예요. 집에서 제멋대로 하던 아이들도 집단생활을 하면서 용납되지 않는 행동이 무엇인지를 금방 배우고, 경쟁하면서 선생님 말을 잘 듣기는 합니다.

두 살 정도 된 손자를 데리고 슈퍼마켓에 갔을 때예요. 원하는 것을 사달라고 카트에 앉아서 소리를 지르며 떼를 쓰던 아이가 갑자기 얌전해졌어요. 무슨 일인지 알 수가 없어 어리둥절했는데 멀리서 손자가 다니는 어린이집 원장선생님이 보였어요. 손자는 어린이집에서 떼쓰고 잘못한 아이들이 원장선생님한테 불려가는 걸 보고 원장님 앞에서는 특히 행동을 조심해야 한다는 것을 배운 것 같아요. 미국 아이들에게 어린이집 원장선생님이나 학교 교장선생님은 하나님만큼 힘 있고 두려운 사람이지요. 잘못을 저지른 아이를 원장, 교장 선생님에게 보내고, 잘못이 심하면 학부모를 학교로 부르니까요. 그걸 어린 나이에 벌써 터득한 거예요. 그만큼 아이들은 어린이집에서 긴장하면서 통제 속에 지내는 거지요.

단체생활을 하기 위해서는 자기표현을 적극적으로 하는 것도 필요합니다. 옆에 있는 친구가 괴롭히는데 싫다고 말도 못하고, 선생님에게 도움도 청하지 못하면 아이는 힘들어집니다. 아직 또래 친구와 놀아보지 않은 아이들은 어색하고 겉돌 수 있지만 말로 표현은 하지 못한다고 해도 서로 몸짓으로라도 표현할 수 있어야 친해지지요. 자기가 원하는 것을 요구할 수도 있어야 합니다. 밥을 더 먹고 싶으면 더 달라고 할 수도 있어야지요. 그러기 위해서는 집에서 할머니가 미리 알아서 아이의 필요를 채워주지 말고, 아이가 자기표현을 하도록 격려해주세요.

아이가 집에서 할머니와 재미있게 잘 지내고 성숙한 경우에는 어린이집을 시시하게 여길 수도 있습니다. 저와 가까운 할머니는 손녀딸에게 이야기도 많이 하고, 책도 많이 읽어주면서 아주 즐겁게 하루를 보내더군요. 두 살 된 손녀는 말도 잘하고 모르는 게 없었어요. 이 아이를 어린이집에 보냈는데, 자기는 말도 못하는 아기들과 같이 지내는 게 재미없다고 어린이집을 거부해서 4살 즈음에 어린이집에 다니기 시작했어요. 두세 살 된 아이들은 개인차가 많이 나서 발달 속도가 빠른 아이들은 말도 못하는 아이들과 지내는 게 재미없을 수도 있어요. 아이들이 재미없어 하고 안 다니려고 하면 굳이 보낼 필요는 없겠지요.

할머니가 불안하다면

아이를 어린이집에 보내려고 하면 긴 시간을 아이가 잘 지낼 수 있을지 불안할 수 있습니다. 할머니가 염려하는 마음을 갖고 있으면 표정이나 말에 드러나게 되고, 그 감정은 아이에게 금방 전달됩니다. 그런 할머니를 보며 아이 역시 할머니와 떨어지는 것을 불안해할 수 있어요. 분리 불안의 문제는 아이에게만 있는 것이 아니라 할머니에게도 있을 수 있는 것이지요. 이런 경우 할머니에게도 분리 훈련이 필요합니다. 아이의 자율성을 믿으세요. 모든 것을 어른이 알아서 해주어야 한다는 생각을 버리고, 잠시잠시 아이를 떼어 놓는 연습을 하는 거지요.

어린이집에서 아이가 어떻게 지냈는지 알지 못하는 엄마나 할머니들은 선생님이 보내준 가정 통신문에 의지해서 추측할 수밖에 없습니다. 그래서 말을 잘하는 아이에겐 "오늘 어린이집에서 무슨 일이 있었니?"라고 묻고 또 묻습니다. 그런데 돌아오는 답에는 아무 정보도 없어요. 아이들은 그저 "놀았어요", "몰라요"라고 답하지요. 아직 아이들은 그날 있었던 기억을 꺼낼 수 없기 때문이에요. 대신 "오늘 점심에는 김치 먹었니?", "오늘 유진이랑 놀았니?"라는 식으로 질문하면 아이는 대답을 잘해요. 아이가 말을 안 해준다고 답답해하지 마시고 구체적으로 질문을 해보셔요.

아이가 몇 시간만이라도 어린이집에 다녀오면 할머니 노릇은 한결 수월해집니다. 처음에는 한두 시간 놀다 오게 하다가 잘 적응하면 시간을 점점 늘리는 것이 좋습니다. 아이가 어린이집에서 오후까지 지내다 오면 할머니는 그 시간 동안 자유롭게 다른 일을 할 수 있지요. 언제 이런 날이 왔는지 그동안의 피로가 싹 풀리는 것 같고, 할머니 노릇의 힘든 고비를 넘긴 것 같습니다.

이제 할머니에게 의존했던 육아가 공교육의 손으로 넘어가는 시간입니다. 그동안 수고 많으셨습니다.

할머니 육아 십계명

할머니가 지켜야 할 육아 십계명을 정리해봤습니다. 중요한 원칙만 지켜준다면 할머니, 엄마, 아이가 모두 편안하고 행복한 시간을 보낼 수 있을 겁니다.

1. 할머니는 아이 엄마가 아니다.
2. 아이의 부모와 좋은 관계를 유지한다.
3. 아이의 부모가 원하는 교육관을 따르고, 일관성을 유지한다.
4. 할머니 자신의 신체적 심리적 건강을 돌본다.
5. 아이가 울면 즉각 반응해준다.
6. 많이 안아주고 스킨십을 한다.
7. 아이에게 선택권을 준다.
8. TV나 비디오에 아이를 맡기지 않는다.
9. 아이의 질문에 성심껏 대답한다.
10. 아이와 눈을 맞추고 많이 이야기하고, 책을 읽어준다.